ARRÊTS

DU

GRAND CONSEIL

DE SA MAJESTÉ

IMPÉRIALE ET CATHOLIQUE,

RÉSIDANT EN LA VILLE DE MALINES.

TOME PREMIER.

SECONDE PARTIE.

ARRÊTS

DU
GRAND CONSEIL

DE SA MAJESTÉ

IMPÉRIALE ET CATHOLIQUE,

RÉSIDANT EN LA VILLE DE MALINES,

RECUEILLIS

PAR M. DU FIEF.

A LILLE,

Chez J. B. HENRY, Imprimeur-Libraire, rue d'Amiens.
M. D. CC. LXXIII.

Avec Approbation & Privilége du Roi.

PRÉCIS

DE LA VIE

DE M. DU FIEF.

M.^R DU FIEF, nâquît à Tournai dans l'année 1578 : il étoit fils de JEAN DU FIEF, Greffier de la Ville. Il fut élevé au Collége des Bons-Enfans, & fit fon Droit à Douay : à 26 ans, il étoit Confeiller de la Chambre des Doyens & fous-Doyens des Arts & Métiers.

Le Chapitre de Tournai, le 7 Janvier 1611, le nomma à la Prébende Hofpitalière, vacante par la mort de M. PIERS : après quelques conteftations, parce que Mr. DU FIEF n'étoit pas dans les Ordres, M. D'ESNE, Evêque de Tournai, lui fit expédier fes Lettres de Collation, & lui conféra dans l'année l'Ordre de la Prêtrife.

M. DE ZOES, Chanoine & Official de Tournai, ayant été nommé Evêque de Boifleduc, Mr. DU FIEF le remplaça dans fa Charge de Confeiller Eccléfiaftique au Grand-Confeil de Malines ; les

fonctions pénibles de cet emploi , parce qu'il donnoit tout son temps aux affaires , paroissoient quel-
quefois le dégoûter : il écrivit alors à un de ses
parens & son ami, *voici*, dit-il, *le septième mois
que je n'ai bougé de cette Ville , en laquelle passé
long-temps j'ai prins un tel dégoût de cette pro-
fession & travail continuel , sans espoir de relâche ,
que je suis en délibération de voir ailleurs si je ne
vivrai avec plus de contentement , ores qu'avec moins
de splendeur qui n'est que sottise & fumée. Sed hæc
inter nos.* Dans le temps que Mr. DU FIEF répan-
doit ces plaintes dans le sein de son ami, le ROI
le nomma Conseiller des Etats de Flandres près
de sa personne à Madrid ; il fit tant d'instance pour
être dispensé de remplir cet état honorable , que
le ROI céda à ses prières; mais son mérite lui
suscita encore ce qu'il appelloit une disgrace ;
il ne put obtenir de ne pas aller en Espagne , qu'à
condition qu'il iroit servir en qualité de Conseiller
d'Etat au Conseil-Privé à Bruxelles; enfin , l'Evêché d'Arras étant venu à vaquer, le ROI y nomma
Mr. DU FIEF. Un fait qui prouve combien ce
savant Ecclésiastique étoit considéré , c'est que
LOUIS XIII ayant pris Arras, le 9 Août 1640,
fit insérer dans la Capitulation l'article suivant :

la nomination faite à l'Evêché d'Arras tiendra, pourvu que dans un an, celui qui a été nommé, vienne prêter le ferment de fidélité au Roi.

Louis XIII, non content de cette efpèce d'hommage rendu aux vertus de Mr. DU FIEF, lui écrivit lui-même qu'il étoit le maître de venir prendre poffeffion de fon Evêché. Mais ce Prélat, fans doute trop attaché aux intérêts de fon Souverain légitime, porta la Lettre du Roi de France au Confeil pour la faire ouvrir; il fe contenta alors de répondre fimplement au Roi, qu'il n'avoit pas le moyen de fe déplacer & de faire les frais de fa prife de poffeffion. En effet, Mr. DU FIEF n'étoit pas riche, & fon plus grand bien étoit fa Bibliothéque, qui a été eftimée dans ce temps-là fix mille florins. C'étoit au milieu de cette collection de Livres, le vrai patrimoine des gens de Lettres, que Mr. DU FIEF paffoit fa vie; il étoit fi laborieux & avoit une mémoire fi prodigieufe, que communément au Confeil on l'appelloit *le Répertoire.* M. DU FIEF paffa encore ainfi environ onze ans à mettre en ordre quelques Manufcrits, dont celui que l'on donne aujourd'hui au Public eft le plus eftimé.

iv

Il mourut enfin généralement regreté, le 22 Novembre 1651, âgé d'environ 72 ans. Le Chapitre de Tournai lui fit élever un superbe Mausolée, où l'on trouve cette Inscription.

ÆTERNÆ MEMORIÆ
REVERENDISSIMI DOMINI
NICOLAI DU FIEF,
HUJUS ECCLESIÆ CANONICI,
MALBODIENSIS PRÆPOSITI,
ATTREBATENSIS EPISCOPI DESIGNATI,
UT INTEGRITATE SIC DIGNITATE
PER OMNIA MAGNI,
QUI IN SUPREMAM MECLHINIÆ CURIAM
ADLECTUS
REGI, PATRIÆ PER ANNOS XX. PARI
PRUDENTIA ET LAUDE
UT SIDUS ILLUXIT:
AD CONSILIUM INDÈ FLANDRICUM
IN HISPANIAM EVOCATUS,
HUIC ECCLESIÆ REDDI PRÆOPTAVIT,
AD SANCTIORIS TAMEN CONSILII SENATUM EVECTUS:
TAMQUAM REGI AC REIPUBLICÆ NON SIBI NATUS;
LABORES ARDUOS SUSCEPIT, SUSCEPTOS
EXPLANAVIT
INGENIO, SUMMA
SAGACITATE DIFFICILIA EXPLICUIT.
VIXIT ANNOS LXXII, MENSES VIII,
DIES XVIII.
OBIIT XII. KAL. NOVEMB. ANNO M. D. C. LI.
ADPRECARE VIATOR.

EXTRAIT

EXTRAIT
DES ARRÊTS
DU
GRAND CONSEIL
DE MALINES,
RECUEILLIS PAR M. DU FIEF.

AJOURNEMENT.

Si le Procureur qui a obtenu un Arrêt au profit de sa Partie, peut valablement s'excuser d'accepter un Ajournement en matière de révision ?

A Dame d'Escaubecq ayant succombé par Arrêt du . . . Février 1628, au Procès sur la question de savoir si la Terre de Mortaigne étoit un Fief, *ex pacto & pro-*

videntiâ , enfuite de l'inveftiture du Roi Louis XI , de l'an
1478 , obtint des Lettres de révifion , & fit ajourner Robelin ,
Procureur du Sr. de Fraitur, fa Partie adverfe , qui refufa
d'accepter l'ajournement , difant que fa procuration étoit ceffée ;
fur quoi la Cour ayant examiné s'il n'étoit pas obligé d'accepter
cet ajournement , il fut dit que non par réfolution des Chambres affemblées du 13 Février 1626, *fic* Ant. Faber, *in cod.
lib.* 2 , *tit.* 2 , *definit.* 45.

Quia *prima citatio non procuratori, fed ipfi Domino fieri
debet, fic quoque* Argentræus *ad conf. brit. tit.* des Juftices,
art. 27. *notat. prim. num.* 5.

ALIÉNATION.

Si l'Aliénation des Biens d'Église faite depuis un temps immémorial, peut être arguée sous le prétexte que l'acte ne fait pas mention des formalités qu'on a dû observer.

L'Abbé & Couvent de St. Pierre Mont-enLorraine, intentèrent Procès contre Pierron Fryne & Consors, possesseurs d'une Cense au Pays de Luxembourg, aliénée par leurs Prédécesseurs, depuis environ quatre-vingt ans, à effet d'obtenir déclaration de nullité de ladite aliénation, nonobstant toute possession contraire, parce que par les Lettres de vente, il n'apparoissoit pas du consentement du Supérieur ni du Chapitre.

Lesdits Abbé & Religieux furent trouvés non fondés par résolution du 15 Septembre 1618, vu le laps de temps, plusque suffisant pour la prescription, laquelle ne peut être énervée sous prétexte qu'il appert de la nullité de l'acte, *per dictum instrumentum, quia etiam nullitati præscribitur 30 annis,* outre qu'il ne constoit pas du manquement de ladite solemnité par le titre, *quia enuntiata non est, & sic possunt dici possessisse contra titulos, per lapsum 30 annorum purgatur omne vitium, etiamsi monstraretur instrumentum alienationis, in quo nulla fieret de solemnitate mentio, quia per diuturnitatem temporis præsumitur intervenisse ante vel post istud instrumentum,* sed Ant. Faber. *in suo cod.* lib. 4, tit. 38, definit. 7, *dicit aliud esse, si ex inspectione instrumenti de antiquo probaretur de contrario, scilicet, solemnitatem adhibitam non esse.*

ALIÉNATION.

Si pour l'Aliénation des Immeubles des Cordeliers , l'auto-
risation du Provincial ne suffit pas , & s'il faut avoir recours
au Pape ?

CETTE question fut traité au Procès entre les Récollets
de Diximude , & certains particuliers ; les Cordeliers
avoient vendu leur ancien Cloître situé hors de la Ville , par
autorisation du Père à Soto , Commissaire général , & ils vouloient le revendiquer , parce que sans l'agréation du Pape , cette
autorisation étoit suivant eux insuffisante. Par Arrêt du . . . . .
Février 1630, confirmatif de la Sentence du Conseil de Flandres , la vente fut annullée , parce que suivant les règles des
Cordeliers , qui furent mises sur le Bureau , ils ne sont Pro-
priétaires d'aucuns Biens , mais le St. Siége ; ensorte que ni
leur Général , ni leur Provincial , ne peuvent en disposer sans
son autorisation , Chopin , *lib. 2. Monastic. tit. 1 , num. 34.*

ALIMENT.

Si un créancier pour aliment & logement, a droit de préférence ?

UN Boulanger avoit livré du pain à Jean Servais , & quelque autre l'avoit logé , ce qui étoit auſſi une dette alimentaire , *L. quos nos* , §*verbum vivere* , *ff. de verborum signif.* Ils prétendoient tous deux être préférés ſur le prix de quelque héritage vendu par ledit Servais, mais il fut réſolu , le 16 Juillet 1616, qu'ils ne devoient point avoir de préférence , & que leur dette étoit purement perſonnelle ; ſur quoi voyez les notes de CUVELIER, lettre A, au mot *Aliment* : la raiſon de décider eſt , que comme pluſieurs choſes étant compriſes ſous le nom d'alimens , ce privilége comprendroit preſque tout, & confondroit tout ordre entre créanciers , & *ſic ſæpius judicatum.*

ANTICIPATION.

Si l'Anticipation a lieu contre un Demandeur en révision ?

LE Prince de Ligne ayant perdu son Procès contre le Fiscal, les Finances firent vendre la Principauté & les autres biens du Prince d'Epinoy; le Prince de Ligne ayant obtenu des Lettres de révision, exposa par Requête que ses biens, eu égard à ladite révision, étoient litigieux, & que pendant le litige rien ne devoit être innové ; & conclut à ce que la vente fut tenue en surséance jusqu'à ce que la révision fut achevée, pour laquelle conclure les Ordonnances du grand Conseil, donnent le terme de deux ans : le Fiscal alléguoit qu'il devoit être donné un terme, en dedans lequel ledit Prince mettroit le Procès de révision en état d'être jugé, nonobstant ladite Ordonnance du grand Conseil, qui n'avoit lieu que lorsque l'Intimé laissoit le tout sur pied d'icelle, sans rien prêter ni poursuivre de son côté : ledit Fiscal déclaroit de plus que dans tous les cas il se portoit pour anticipant, & que si l'anticipation avoit lieu en appel, qui est un remède ordinaire, à plus forte raison elle devoit avoir lieu dans la révision. Il fut résolu le 16 Avril 1639, que l'anticipation avoit lieu, & suivant ce, il fut ordonné au Prince de mettre la cause en état, en dedans trois mois péremptoirement. Voyez CUVELIER, lettre R, au mot *révision* : au grand Conseil le terme de la révision est de deux ans, & en Brabant d'un an.

ANTICIPATION.

Addition servant à la précédente cause entre 'le Prince de Ligne & le Fiscal, (pour confiscation.)

PAr Arrêt rendu au Conseil privé le 14 Décembre 1638 , Messire Albert, Prince de Ligne, fut déclaré non recevable ni fondé dans ses conclusions; il en intenta la révision, & se fonda sur ce que les biens du Prince d'Epinoy étant retournés au Roi par droit de confiscation, ils devoient lui être rendus, *quia cessante causâ, debet cessare effectum;* cependant l'Arrêt fut confirmé en révision le 23 Mars 1641 , par des considérations de bien public, & sur ce que c'est chose ordinaire & fondée en Droit qu'en cas de Paix, l'on rend aux anciens Propriétaires les héritages qui leur avoient été ôtés par la guerre, nonobstant donation faite à tierce personne.

Le grand Conseil de Malines fut aussi d'avis le 27 Mars 1710, que les enfans du Prince d'Epinoy, Père de Guillaume, étoient compris dans le Traité de Trèves, & que leurs Altesses n'étoient pas tenues pour cela, en termes de Justice, de payer à la Dame de Ligne aucune indemnité, vû qu'elles avoient fait ce qu'elles avoient pû pour l'entretien de la première transaction, & que le Traité de Trèves, qui y avoit dérogé, n'avoit été fait que pour un plus grand bien public, & par la nécessité des circonstances auxquelles il avoit fallut céder.

APPEL.

*Si dans une Cause d'Appel évoquée en la Cour, l'Appellant
qui succombe doit être condamné en l'amende selon le
taux de la Cour, ou suivant celui des Juges, desquels
la cause a été évoquée?*

IL fut jugé le 18 Février 1617, [a] que l'Amende de fol Appel, doit se payer suivant le taux du Juge de la Sentence duquel on appelle, parce que l'amende est dûe, *ob contemptum
judicis*; en la cause du Sr. de Copigny, Intimé, & Michel
Bolny, & la Veuve de Jean le Vasseur, Appellans du Juge
de Lens en Artois.

---

[a] Voyez M. DE HUMAYN, Arrêt LIV, pag. 184.

APPEL

APPEL.

Il échet relief pour l'Eglise, les Mineurs, ou quelque cause
spéciale, contre un Appel tombé en désertion, pourvu qu'il
n'ait point été déclaré tel.

PAr Arrêt prononcé la veille de la Pentecôte de l'an 1616,
il fut jugé qu'il échéoit relief en la cause des Abbé &
Religieux de St. Vaast à Arras, contre le Magistrat & les
Fiscaux de la même Ville. On pensa que quoique par les Ordonnances du grand Conseil, tit. *des matières d'Appel,* art. 2,
il soit dit que *l'appel doit être relevé en dedans trois mois,*
à péril de désertion, & que contre ledit temps il ne sera ac-
cordé relief, on devoit cependant l'accorder, *ex clau-*
sulâ si quá niti justâ causâ videbitur, (lesdits Religieux
avoient été six ans sans relever leur appel,) tant parce qu'ils
étoient mineurs, que parce que c'avoit été la faute de leur
Procureur, qui dans le relief de leur appel, avoit nommé
seulement les Fiscaux.

APPEL.

Si le titre du Code, ne liceat in unâ & eâdem causâ tertio provocare, *est abrogé ?*

IL fut résolu en cette Cour le 21 Octobre 1616, [a] en la cause de François de la Motte, Sr. de Croix, Appellant, & Mathieu l'Empereur, Intimé, qu'il est loisible *tertio provocare*, nonobstant le titre du Code à ce contraire ; ainsi l'Appellant ayant perdu son Procès par Sentence de la Loi de Walincourt, de laquelle il avoit appellé à Crevecœur, & ayant ensuite appellé du Jugement rendu à Crevecœur à Cambrai, on ne laissa pas d'admettre l'appel qu'il interjeta de ce dernier Jugement au grand Conseil ; parce que ce titre n'est pas reçu en ce Pays, *teste* Gail *observat. lib. 1, cap.* 70 , & Bugnion, *lib.* 10, *leg. abrog. art.* 253 , *n.* 9.

[a] Voyez M. DE HUMAYN, Arrêt XXXIX. pag. 157.

APPEL.

Si on doit admettre l'Appel d'une Sentence de liquidation rendue par les Commiſſaires du grand Conſeil, pour des fruits ou mélioriations adjugés par Arrêt ?

IL fut jugé qu'on le pouvoit dans la cauſe de Jean Malliem, Ecuyer, Sr. d'Arville, contre Robert de Namur, *quia per ſententiam per quam fit liquidatio, ejus quod intereſt, infertur novum gravamen, ergo ab ipſâ appellari poteſt. Ita Menoch. de arbit. poſſ. remed. 5, quæſt. 5, num. 70, 71 & 72.*

APPEL.

Anciennes attestations qui prouvent que quoiqu'un Appel ne soit point relevé en dedans les jours prescrits, les Juges de première instance ne peuvent pas exécuter leur Sentence, à moins que l'Appel soit déclaré désert par le Juge ad quem.

CETTE attestation fut donnée par les Mayeur des six élus, le Procureur Général, & quatre Sergens de ournai & du Tournesis; ils ont même déposé que pour obtenir le contraire, on avoit présenté un Placet au Roi d'Angleterre, qui l'avoit refusé.

APPEL.

Si les jours fataux courent pour le temps où les Parties traitent d'accommodement.

IL a été jugé que non, en la cause du Prince de Ligne, contre les Fiscaux, le 23 Mars 1641.

APPEL.

Si on doit procèder par voie de nullité, ou par Appel ou révision, pour faire réformer un Jugement?

IL faut procèder par appel ou révision, ainsi qu'il a été résolu le 11 Septembre 1641, *teste* Imbert *in enchir.* Bugnion, *des Loix abrogées,* liv. 1, chap. 14, 19 & 122, & liv. 2, chap. 128, *sic quoque practicatur in Galliâ, etiam in casibus in quibus Sententia est ipso jure nulla, contra tenorem juris, L. 1, cod. quando provocare non est necesse.*

ARCHIDIACRE.

*Un Archidiacre, nommé par l'Evêque, doit avoir sa stalle
dans le Chœur, quoiqu'il ne soit point Chanoine.*

IL fut jugé par le Conseil privé le 5 Février 1565, qu'un
Archidiacre devoit avoir sa Place dans le chœur, dans
la cause de M. Antoine, Evêque de Namur, ayant nommé
Me. Antoine de Bernimicourt, pour Archidiacre de son Eglise,
d'une part; & les chanoines de ladite Eglise, d'autre part;
vide PHILIPPUS PROBUS de jure regali, quæst. 31,
quia ad hoc ut possit habere stallum in Choro non requiritur
ut sit præbendatus sed sufficit ut sit Canonicus.

ARRÊTER.

Si le député d'une Province de ces Pays vers son Altesse à Bruxelles, y est arrêtable pour sa dette particulière ?

MArc de Fiennes, Vicomte de Bruges, député des Etats d'Artois vers son Altesse, ayant été arrêté au corps par un de ses créanciers, il fut jugé le 17 Octobre 1648, qu'il n'étoit pas arrêtable pour ses dettes *ad vitandum præjudicium publicum* ; il a même été jugé le 16 Janvier 1677, (au vol. de Gand, fol. 247, art. 7,) que toutes Parties ayant jour pardevant ceux du Conseil, ou pardevant Commissaire par ajournement, par ces clauses *ou autrement, duement & sans fraude,* pouvoient venir & comparoir sans qu'on puisse les prendre au corps, ou les molester en leurs personnes & biens, &c. *Ita Peckius de jure sistendi, cap.* 5, *n.* 9, *quia legatorum locum tenent & coacti veniunt, sio quoque* Sckothius, *respons . . . . n.* 7, 8 & 9.

ARRÈTER.

Si on peut faire arrêter un Corps mort pour dettes ?

IL fut jugé que non le 17 Juin 1617, (a) *ita* Peckius, *de jure fiftendi*, *lib.* 4, *cap.* 5, *num.* 24, & Covarruvias *variar. refolut. lib.* 2, *cap.* 4. *n* 10, quand même l'ufage du lieu feroit contraire, *quia non confuetudo, fed corrupteia effet, mors enim omnia folvit*, Peckius, *dict. loco.*

(a) Voyez M, DE HUMAYN, Arrêt VI. pag. 192,

ARRÊT

ARRÊT ET RÉVISION.

*Si on peut intenter la révision d'un Arrêt rendu en révi-
sion, qui a réformé un premier Arrêt.*

IL a été jugé que non, *ut sit litium modus*, nonobstant le
sentiment de Guido Papa, *décis.* 345. & la Loi *si quis
adversus, cod. de prec. imp. offer. &c.*

L'usage n'a admis qu'une seule révision, pour tous les cas
généralement quelconques ; témoins les Ordonnances du
grand Conseil de Malines & du Hainaut, celles du Comté
de Bourgogne & autres, qui portent qu'on ne pourra faire
révision plus d'une fois, soit que l'Arrêt ait été confirmé, soit
qu'il ait été réformé; ainsi jugé le 7 Décembre 1624, le 4
Février 1644, & le 10 Mars 1647.

ARRÊT OU RÉVISION.

Quoiqu'on doive en matière de révision observer précisément les formalités requises, à peine de désertion; on a cependant jugé par des considérations d'équité, que lorsque le jour de l'assignation donnée à l'Intimé, tomboit après les deux ans, la révision ne devoit pas être déclaré déserte.

ANTOINE de Vulder, Sr. Dudsecle, ayant perdu au grand Conseil de Malines, le 22 Mai 1638, un Procès contre la Douairière de Lengelé, pour la Seigneurie de Graminene, il en intenta la révision, & obtint le 4 Mai 1640, des Lettres d'ajournement, qui furent mises ès mains de N. Vanderberg, Huissier du grand Conseil de la résidence de Courtray, le 12 dudit mois; celui-ci donna jour à l'Intimé le 14 pour comparoir le 15 Juin; ainsi après les deux ans, quoiqu'il ait été chargé de faire l'ajournement pour le 18 ou 19 dudit mois de Mai, il s'est élevé là-dessus une contestation, l'Intimé soutenant la révision déserte, parce que la cause ne revenoit point en dedans les deux ans, sur le fondement que quoique les articles 1 & 2, des Ordonnances du grand Conseil, au tit. *des Révisions*, ne parlent que de l'assignation du jour, qui doit être fait en dedans deux ans, il est cependant que l'interprétation donné par ledit grand Conseil le 14 Mars 1561, porte que la cause doit aussi servir en dedans les deux ans, il ajouta que le moyen de révision étoit exorbitant, & non connu en Droit, & que par cette raison, les Ordonnances défendoient les révisions ès causes possessoires & interlocutoires; sur quoi le grand Conseil déclara la révision déferte ; duquel Arrêt y ayant eu révifion, il fut déclaré par Arrêt y avoir erreur dans cette déclaration de défertion, comme étant chofe trop dure, *quia non debet revidens luere officiarii culpam à rege non ab ipfo electi, fecus effet in procuratore à fe voluntariè electo cujus factum præftare in materiâ retractus teneretur* ; & il fut réfolu que l'équité devoit prévaloir fur la rigueur du Droit ; ainfi jugé le 10 Septembre 1643.

ARRÊT OU RÉVISION.

Si l'on peut arguer de nullité un Arrêt rendu en révifion ?

AU Procès entre Erneftine de Withem, Marquife de Berghe, d'une part, & la Princeffe de Hobenfotre, d'autre part ; il fut réfolu que le chef de nullité pouvoit être admis contre un Arrêt rendu en révifion, conformément au Droit canon, *cap. cum olim.* §. *nos igitur de re judicatâ*, où il eft dit, que lorfque dans un Jugement rendu par le St. Siège, il y avoit nullité pour défaut de formalité ou autrement, ce Jugement pouvoit être annullé, d'où on a conclu qu'il en devoit être de même, avec bien plus de raifon, de ceux rendus par les Confeils Souverains, comme Parlemens ou autres ; à quoi il faut ajouter que l'ufage de ce Pays admettoit cette voie de nullité contre les Arrêts rendus en révifion, comme il eft arrivé à la Cour de Mons en l'an 1621, dans la caufe entre Alexandre d'Arremberghe de Croy, Prince de Chimay, Impétrant & obtenant en révifion, & Dame Dorothée de Croy, Ducheffe Douairière d'Arfchot, Intimée. Pareille propofition de nullité fut admife au Confeil privé, en Octobre

1624, dans la caufe de Dame Barbe de St. Vital, d'une part, & de N. Loucron, Sr. de Malarmay, d'autre part, contre un Arrêt du Parlement de Dole. Le Marquis de St. Martin, ayant depuis intenté la révifion d'un Arrêt du même Parlement du . . . . Juin 1633, & ayant obtenu un Arrêt favorable, les Dames de Cufance, qui étoient fa partie adverfe, arguèrent ledit Arrêt de nullité par Requête du 12 Mars 1638; elles furent déclarées non fondées dans leurs conclufions par Arrêt du 4 Février 1644, mais elles obtinrent dans leur demande, & l'Arrêt fut en conféquence déclaré nul par le Confeil privé le . . . Février 1645.

BAIL.

Si lorfqu'un Bail contient cette claufe, fi le Cenfier ne paie à certain jour, le Bail fera fourfait ou nul s'il plaît au Locateur, le paiement offert après le terme échu, purge la demeure ?

IL fut jugé le 26 Novembre 1622, que dans l'efpéce de la queftion propofée, la demeure étoit fuffifamment purgée, de même que dans l'Emphytéofe, *talis mora, non obftante fimili paƈto, poteft celeri folutione purgari, quod aliqui intelligunt, fi exaƈlus ftatim folvit, alii fi ante litis conteftationem, alii etiam ante ipfam Sententiam.* Guido Papa, *decif.* 128, Covar. *variar. refol. cap.* 17, *n.* 4.

On a jugé de même entre les Abbé & Religieux de St. Auguftin, & Jean Machii, le . . . . 1620.

Ainfi jugé en matière de louage, par Arrêt du Par-

lement de Paris, du . . . . . . On a dit dans cette dernière
cauſe, » que nonobſtant telle clauſe réſolutoire & peine ap-
» poſée, le locataire pouvoit purger ſa demeure, en offrant
» le paiement, ou payant réellement, parce qu'en effet telle
» clauſe n'étoit que comminatoire. »

BAIL

Les conditions inférées dans un Bail, de ne faire aucune
modération, *ou* de ne reſtituer le pot de vin pour aucune
cauſe, *ſont exorbitantes.*

PAR Arrêt du . . . . Mai 1614, il fut jugé que telles conditions n'étoient pas obligatoires, *L. emptorem*, §. *autem*,
ff. de act. empt. La même choſe fut jugée, touchant le pot de
vin, au mois d'Octobre dudit an, *locator enim debet præſtare
uti frui*, enſorte que le bail dont il s'agiſſoit alors ayant été
annullé, le locataire fut trouvé fondé de répéter le pot de
vin, à proportion des années de jouiſſance dont il étoit fruſtré,

BÉNÉFICE.

Si un Evêque peut charger un Bénéfice de quelque penſion?

M.e Pierre Salembien, Profeſſeur à Louvain, & Denis Blomaert, Official d'Ypres, ayant eu un procès au poſ-ſeſſoire, en cette Cour, pour une prébende de l'Egliſe cathé-drale d'Ypres, ils s'étoient accordés, enſorte que ſous le bon plaiſir de leurs Supérieurs, ledit Blomaert devoit faire une penſion à ſa partie adverſe; il avoit en conſéquence fait réſerver par l'Evêque d'Ypres, une penſion de deux cens florins, ſur une Chapelle de ſon Diocèſe, dont il étoit titu-laire, & ſoutenoit moyennant ce, d'avoir ſatisfait à ſon obli-gation, comme étant ladite penſion duement conſtituée & le bénéfice affecté à icelle, même après ſon décès, ſuivant Quintilian, *ad reg. cancell. 33, de ſignaturis, &c. quæſt.* 14, *n.* 11, où il dit *quod ordinarius, pro bono pacis, ex cauſâ con-cordiæ penſiones, prout ſummus pontifex perpetuo duraturas imponit :* ledit Salembien ſoutenoit au contraire que cette penſion ainſi affectée, n'auroit été payée que durant la vie dudit Blomaert, & qu'on devoit la lui aſſurer même après ſa mort : il fut jugé par Arrêt du 10 Juin 1617, que telle penſion n'étoit valable que pour la vie dudit Blomaert, & que le bénéfice n'y étoit point affecté, enſorte que Blomaert même auroit pu le réſigner ſans charge d'icelle, *& id ex opinione Canoniſtarum* ; Wames, *conf.* 264, *n.* 1, *tom.* 1; & quant aux opinions de Quintilian & autres, on a dit qu'elles devoient s'entendre, *cum agitur de penſione creandâ ſuper ipſo beneficio litigioſo,* ce qui ne ſe rencontroit pas dans l'efpèce de la caufe, pourquoi il fut ordonné audit Blomaert de faire réferver ladite penfion en Cour de Rome.

BÉNÉFICE.

Si on doit admettre les Collations faites par la Cour Rome pendant la vacance du Siège Epifcopal, pour des Bénéfices dont la Collation appartient à l'Evêque ?

LE Confeil privé rejeta ces nominations du Pape, parce que les fruits échéans, *fede vacante*, font réfervés au fucceffeur Evêque, *ergo etiam beneficiorum collatio*; ainfi jugé le premier Mars 1642, le 2 Août 1645, & le 5 Septembre 1646.

Nota. Qu'à Arras les bénéfices fe réfervent à la collation de l'Evêque futur, la régale n'y ayant point lieu; mais à Tournai, où la régale a lieu, le Roi les confère fans que le Pape y ait rien à dire.

QUÆRITUR.

N. collateur d'un bénéfice caftral, occupé par le Curé du lieu, peut-il révoquer la collation qu'il a faite, parce que la Chapelle caftrale étant ruinée, & l'Autel étant tranf-porté dans l'Eglife Paroiffiale, le Curé auroit *fub eodem tecto diverfa beneficia*, ce qui eft défendu par le Concile de Trente.

ON obferve qu'un bénéfice caftral fe révoque toutes & quantes-fois il plaît au Collateur; que le bénéfice en queftion eft chargé d'une Meffe, que le Collateur doit avoir, quand il lui plaît, comme l'ayant fondé à ce deffein, & que le Curé étant obligé le Dimanche à dire la Meſſe pour ſa Cure, il ne peut pas ſervir ſon Collateur ce jour-là.

On répond qu'il ne paroît pas que le Collateur puiſſe priver le poſſeſſeur de la Chapelle en queſtion, nonobſtant les raiſons alléguées, parce que les Canons qui rendent incompatibles les bénéfices ſous un même toit, ne parlent que des bénéfices uniformes, comme ſont deux prébendes, deux bénéfices ſimples, &c. Il eſt vrai que le Concile de Trente défend généralement la poſſeſſion de deux bénéfices, ſauf dans le cas où le premier ne ſeroit pas ſuffiſant pour l'entretien du Bénéficier, mais cette défenſe n'opère pas une incompatibilité.

Il eſt vrai que les Seigneurs peuvent dépoſer *ad libitum*, celui qui décharge les Meſſes dans leurs châteaux, mais cela provient, de ce que les Chapelles fondées n'ont pas la qualité d'un véritable bénéfice; auſſi tels Chapelains ne prennent d'autres proviſions que celles du Seigneur, & ne reçoivent pas l'inſtitution du ſupérieur Eccléſiaſtique, enſorte que telles fondations ne valent qu'un revenu, ſans titre, à celui qui dit les Meſſes, mais il n'eſt pas pour cela dans la puiſſance du Seigneur d'obliger le poſſeſſeur à décharger des Meſſes à proportion du revenu, il faut avoir recours au titre, & au défaut de titre, à ce qui a été pratiqué depuis long-temps, *conſuetudo enim optima legum interpres.*

BÉNÉFICE.

CELUI qui s'abſtient d'un ſecond Canonicat, ne fait point, *ipſo jure*, vaquer le premier , *ſecus de beneficiis curatis dignitatibus & officiis ;* voyez Leſſius, *de jure & juſtitiâ, cap. 34 , dub. 27 , n.* 145 ; Wameſ. *conſ.* 233 , *&* Farinacæus, *deciſ. ad Conſ. Trid. ſeſſione , 7. cap. 4.*

BÉNÉFICE.

Si dans les mois du Pape on doit ſuivre, pour la collation des Bénéfices , l'uſage du lieu du Collateur , ou celui de la ſituation du Bénéfice ?

LE 15 Novembre 1645 , il a été jugé qu'on devoit ſuivre l'uſage de la ſituation du bénéfice ; *vide* Fevret, *lib.* 2 , *cap.* 7 , *n.* 13 , *verſ.* il s'eſt préſenté.

Voyez ci-après ſous les mots *Etranger, Evêché vacant.*

D

BIENS IMMEUBLES.

Si les Placards, qui défendent aux François d'obliger leurs immeubles en ces pays, sans autorisation du Roi, ont lieu pour les obligations contractées par traité de mariage ?

DAME Bonne Colant, veuve de Simon Lamire, S^r. de Bachimont, françois de nation, ayant fait pratiquer une mise de fait sur les biens de feu son mari pour la sûreté de son douaire, le Conseil d'Artois fut consulté, & par lettre du 10 Octobre 1627, il répondit qu'à cause des Placards, la mise de fait étoit à révoquer, mais le Conseil privé jugea que ces Placards ne s'étendoient pas aux contrats de mariage & constitution de douaire, parce que l'engagement étoit réciproque, & l'événement également incertain de part & d'autre, & qu'il falloit favoriser la liberté des mariages ; on ajouta qu'ils devoient s'entendre spécialement des ventes & obligations contractées, pour trouver des deniers, par le moyen desquels on pourroit faire la guerre au Roi.

BIEN VENDU PAR JUSTICE.

Si la vente judiciaire d'un Bien étant déclarée nulle, pour n'y avoir point obfervé les formalités prefcrites, l'acheteur peut avoir fon recours contre le créancier qui l'a fait faire ?

CETTE queftion a été réfolue en cette Cour au mois d'Octobre 1623; on a jugé que le créancier étoit tenu d'indemnifer l'acheteur des dommages & intérêts qu'il avoit foufferts, *fi rem fub haftâ venditam, emptor condemnatus fit reftituere, ob id folum quod venditio aut pro indebito, aut non fervatis folemnitatibus facta effet, indemnis præftari debet à creditore, quo poftulante facta venditio eft, cum debeat creditor præftare fe debitorem & bonam fidem in diftractione pignoris,* L. 1. *& penult. cod. fi vend. pign. agatur, neque enim hoc cafu locum habet quod dici folet, creditorem evictionem pignoris non debere, cum teneatur creditor, non folum fe præftare creditorem legitimum, adeoque antiquiorem, fed etiam curare quantum in fe eft, numquid prætermittatur eorum quæ tutam venditionem facere poffunt, vix enim eft ut non faciat contra bonam fidem creditor qui non curat obfervari confueta,* L. *cum contra bonam fidem* 4, *cod. de vend. pign. agat. nifi fi quid per apparitores aut executores impotentiâ peccatum fit, quo cafu facile fieri poteft ut nullus adfit dolus ejus qui apparitorem elegerit, quamvis non facile careat culpâ qui talem elegerit,* L. 1, §. *illud fciendum,* ff. *de fepar. mag.*

BOIRE.

Si on peut défendre d'aller boire hors de la Ville?

LE Magistrat de la Ville de Lille, ayant porté une Ordonnance, qui défendoit aux Habitans de ladite Ville d'aller boire dans les Cabarets situés sur les terres du Chapitre de St. Pierre; ceux-ci s'en plaignirent au Roi en son Conseil privé, par Requête tendante à ce que ladite Ordonnance fut annullée; ils alléguèrent pour motifs de leur demande, que les Habitans de leur Seigneurie payoient les tailles & impôts aux Etats de Lille, & joignirent à leur Requête trois décisions rendues en pareil cas contre la Ville.

LA première portée par Charles, Roi de France, en l'an 1400; la deuxième & la troisième par le Conseil privé des Archiducs en l'an 1613: elles portoient toutes que le Magistrat n'avo.t pas pu défendre aux Habitans de la Ville d'aller acheter de la viande aux boucheries de St. Pierre; il fut cependant jugé au Conseil privé, par Arrêt du 29 Janvier 1638, que cette Ordonnance ne devoit point être révoquée, parce que les impôts étant moindres sur le territoire de St. Pierre que dans la Ville, le Magistrat avoit pu & dû y pourvoir pour le bien public.

C'EST ainsi que le Magistrat de Malines défend aux Habitans de cette Ville, d'aller boire au Passe-Breughue & autres lieux voisins, & les Echevins de Gand & ceux de Tenremonde de même.

LOUIS XI. par un Placard du 4 Décembre 1463, & CHARLES V. par ses Lettres du 9 Décembre 1531, défendirent par les mêmes motifs aux habitans de Tournai d'aller boire hors de la Ville.

BOURGEOIS OU HABITANS.

Si les Bourgeois ou Habitans d'une Ville peuvent, en temps de guerre, quitter la demeure qu'ils y ont, par la crainte d'un Siége apparent ?

LA Coutume d'Oudenarde, rub. 4, art. 18, porte : qu'*il est permis aux Bourgeois d'aller demeurer en toute la Flandre fans congé du Magiftrat ;* plufieurs Bourgeois s'étant en conféquence retirés de cette Ville avec leur famille pendant la guerre de 1646 , le Magiftrat préfenta Requête au Confeil, tendante à ce que les Bourgeois qui fe retiroient, aient été déclarés foumis aux mêmes charges que les autres, , & qu'il leur ait été fait défenfe de fortir, fous peine d'amende de mille florins, fur quoi le Confeil privé prononça ainfi :

» VU les avis, Sa Majefté autorife ceux du Magiftrat
» d'Oudenarde, d'ordonner aux Bourgeois & Manans de
» ladite Ville, s'étant retirés d'icelle, d'y retourner en dedans
» deux mois pour y tenir réfidence comme auparavant, &
» à ce les contraindre, à peine qu'ils feront fujets à con-
» tribuer aux charges auxquelles ils ont contribués y ayant
» leur demeure , & de faire défenfe à tous autres de tranf-
» porter pendant ce temps, leur domicile ailleurs ; ordon-
» nant audit Magiftrat de loger équitablement & à jufte
» proportion les Bourgeois & Manans de ladite Ville ; fait
» à Bruxelles, le 27 Novembre 1646.»

LE Conseil a jugé de même en faveur de la Loi de St. Amand, contre les Bourgeois dudit lieu, qui s'étoient retirés à Tournai, ainsi que pour le Magistrat de Valenciennes, le 3 Juillet 1648, après avoir vu l'avis du Bailliage de Tournai & du Tournaisis.

CAUTION.

Celui qui est caution pour le jugé en première instance, l'est aussi dans la cause d'appel.

LE 15 Octobre 1625, il a été jugé que celui qui est caution pour le jugé en première instance, l'étoit aussi dans la cause d'appel, quoique la partie pour laquelle il avoit répondu, & qui avoit gagné son procès pardevant le premier Juge, eut été condamnée par Arrêt : *quia fidejussor censetur obligatus in omnem causam.* Molin. *in tract. de dividuis & inviduis, part. 2, cap. 540.*

Voyez la cause suivante.

CAUTION.

Si la caution pour le jugé répond de l'amende de fol appel.

DANS la même cause, il fut question de savoir si la caution devoit aussi répondre de l'amende de fol appel, & il fut jugé que non : Damhoudere, *in praxi civili, cap. 67, n. 4,* dit qu'il en est de même dans les causes où le fisc est partie : c'est aussi l'opinion de Boerius, *decis.* 314, *n.* 2, *ex L. ff. de in litem jurando,* où il dit, *fidejussorem de judicato solvendo, simpliciter datum, non teneri ad aliquam pœnam ratione contumaciæ rei, propter quam augetur condemnatio, L. quæro in princ. &* §. 1, *ff. locati.*

CÉDULE.

Cédule ou Billet narrée de fauſſe cauſe.

N. DANDELEU, Commiſſaire des Montres, ayant donné à Jacques Incola, maître Sellier, auquel le Comte de Fuſtemberg devoit une forte ſomme pour ouvrage de ſon ſtyle, un Billet contenant promeſſe de la lui payer, comme ayant été porté dans le compte par lui rendu audit Comte de Fuſtemberg ; celui-ci le pourſuivit au Conſeil privé pour le contraindre à remplir ſon engagement. Dandeleu allégua pour défenſe, que ce Billet étoit narré de fauſſe cauſe, & qu'il étoit prêt de produire ſes comptes, par leſquels on verroit que cette ſomme n'y étoit point portée : ces moyens ne furent pas conſidérés, & il fut condamné au paiement de la ſomme repriſe en ſon Billet, avec dépens, par Arrêt du 3 Décembre 1637, ſur le fondement qu'il ne pouvoit pas ignorer s'il avoit porté cette ſomme dans ſes comptes, & que dans tous les cas, il devoit s'imputer de s'être conſtitué débiteur par ſon Billet, qui étant accepté par N. Incola, devoit lui valoir une action contre lui.

LUBET hic advertere quod de jure qui falſo perſuaſus eſt, ſe hæredem alterius eſſe, quid ab eo debitum promittit, habet exceptionem, nec civilis eo nomine in eum actio competit, L. vlt. §. de C. . . . . & ſi ſolutio facta fuerit, competit repetitio, L. ſi pomæ, §. quamvis, ff. de condict. indeb.

CESSION

CESSION D'ACTION

N'est pas nécessaire en certain cas. Question notable.

PAR Arrêt du 18 Janvier 1614, rendu entre Jean Crema, Appellant du Conseil de Luxembourg d'une part, & Nicolas Monnier, Intimé d'autre part, il a été décidé qu'il n'étoit pas nécessaire de faire une cession d'action, dans le cas d'une Sentence obtenue par un tiers, pour contraindre son débiteur à le décharger envers son créancier, & que pareille Sentence donne action & exécution sans autre cession, pour éviter tout circuit, quoique dans la rigueur du Droit il en iroit autrement; sur quoi, voyez Papon, *tit.* . . . .

CLERC.

S'il doit déposer pardevant un Juge laïque?

GUILLAUME de Rampenart, ayant préfenté Requête au Confeil privé, afin qu'il fut ordonné à l'Abbé de Flegem, de permettre à un de fes Religieux de dépofer dans fon enquête pardevant le Juge laïque, le Confeil ordonna audit Abbé de fatisfaire à cette demande au cas qu'il n'eut aucun moyen à y oppofer, ce dont il informeroit la Cour; l'Arrêt eft du dernier Octobre 1650 : il y a des Jurifconfultes qui diftinguent entre un caufe civile & une caufe criminelle, St. Thomas 2.ᵃ 2.ᵉ *quæft.* 70. *art.* 1, *&c.* Aujourd'hui felon Mathieu, Ranchin & de Ferrieres, on ne fait aucune diftinction au Barreau; on y appelle indifféremment les Clercs, pour rendre témoignage dans les caufes civiles, comme dans les caufes criminelles, fans demander le confentement de leur Supérieur : Bugnyon, *des Loix abrogées,* chap. 31 ; &c. & dans les Provinces où les Canons & la Coutume de l'ancienne Eglife font encore en vénération, l'Evêque ou fon Official, à la prière du Juge laïque, qui a befoin du témoignage des Eccléfiaftiques, pour la preuve de certains faits, les interroge juridiquement, avec toutes les formes & cérémonies requifes, & lui envoie leur dépofition, figné d'eux, de lui & de fon Secrétaire. Et fi l'Evêque ne veut pas fe donner cette peine, il peut permettre aux Eccléfiaftiques qui lui font fujets, de fe préfenter pardevant le Juge laïque pour dépofer. Guid. Pap. *décif.* 65.

CLERC.

Par qui doit être puni celui qui donne un faux témoignage pardevant le Juge laïque?

LE 8 Mars 1580, un Clerc qui avoit porté faux témoignage, fut condamné par le Juge laïque en trois cens florins d'amende, aux dépens, & fut privé de la taxe qu'on lui avoit adjugée pour sa dépôsition : il fut en outre renvoyé avec ses charges pardevant son Juge Eccléfiastique, avec les fers aux pieds, pour recevoir une punition digne de son crime. Fachin, *cont. lib.* 9, *cap.* 27; voyez la *L.* 12, *cod. de testibus.*

COLLATION.

Celle d'une Cure ou autre Bénéfice de ce pays, qui appartient à un Evêque de France, doit être faite, pendant la guerre, par le Roi, ou par l'Evêque voisin.

ON l'a jugé ainsi le 29 Juillet 1637; si c'est un bénéfice que l'Evêque devoit conférer à cause de sa dignité Episcopale, c'est à l'Evêque voisin à le conférer; sinon la collation en appartient au Roi à titre de confiscation, & comme propriétaire des fonds auxquels la collation est annexée.

COMMISSION EXÉCUTOIRE.

Si celui qui s'oppofe à une commiffion exécutoire obtenue
contre lui , peut être reçu en nantiffant des Lettres de
Rentes?

LE 26 Avril 1616 ou 1617, il a été jugé que des Lettres
de Rentes étoient un nantiffement fuffifant pour em-
pêcher qu'on outre une exécution, parce que l'Huiffier,
chargé de la commiffion, pouvoit les vendre comme des
meubles ou autres effets dont il feroit garni.

Nota. Qu'il y a une différence entre le nantiffement , ou la
confignation & la main garnie ; le nantiffement ou confignation eft volontaire, & doit fe faire *in auro , vel argento*
facto feu infecto, in margaritis aut aliis lapidibus pretiofis , &
non in uftenfilibus feu mobilibus quæ fervando fervari non
poffunt, nifi pars talium bonorum depofitione effet contenta
aut ex principis gratiâ. Neque etiam fit legitima confignatio in
feudis aut bonis immobilibus nifi ex gratiâ principis. Damhoud.
in praxi civili , cap. 71 , n. 3 & 4; au lieu que la main garnie
eft néceffaire , & ne peut avoir lieu qu'en meubles.

COMMITTIMUS

*Si celui pour la rescision de la vente d'un immeuble, doit
être adressé au Juge du lieu où le bien est situé, ou à
celui du domicile de la Partie?*

L E 12 Janvier 1626, il fut jugé, qu'il est au choix de
l'Impétrant de demander que des Lettres de rescision,
obtenues contre une vente, soient adressées au Juge du domicile du Défendeur, ou à celui de la situation du Bien
vendu, pourvu que leurs jugemens ressortissent immédiatement en la Cour. *Ita* Rebuf. *ad ord. reg. tract. de restitut. in
præfatione, n.* 19 & 20. Sur quoi il faut observer que la
Loi 2, *cod. ubi & apud quem restit. in int. intentanda sit*, doit
s'entendre de l'action purement personnelle. *Ita Charond.*
en ses mémorables, au mot *Restitutio.*

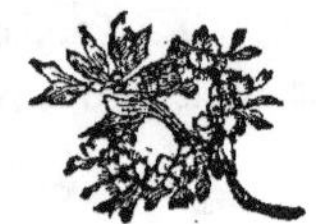

COMMUNAUTÉ.

Les Bagues & Joyaux donnés en préfent de mariage, n'entrent point en communauté.

QUOIQUE les meubles des conjoints entrent en communauté, & foient par cette raifon affujettis aux dettes, il a cependant été jugé le 13 Juillet 1613, que les Bagues & Joyaux donnés en congratulation de mariage, demeurent propres à la femme à qui ils ont été donnés. Voyez CUVELIER, qui rapporte cet Arrêt fous le mot *Communion conjugale.*

COMPLAINTE.

Si en cas de nouvelleté, les manans d'un Village peuvent user de complainte contre leur Seigneur, qui les trouble dans la possession de leurs Marais communs?

LEs habitans d'Emmerin, obtinrent commission de com-plainte contre leur Seigneur qui avoit élagué certains Arbres croissans sur le marais du lieu, & prétendoit que ce marais lui appartenoit, à charge d'une servitude de laisser pêcher, tourber, & couper les herbes par lesdits habitans; ceux-ci soutenoient au contraire d'être seuls les vrais pro-priétaires dudit marais, & en possession de planter, déplan-ter & élaguer les arbres y croissans; le Seigneur leur opposoit qu'entre le Seigneur & ses vassaux il n'y avoit pas de nouvelleté, & que les habitans & vassaux devoient se pourvoir par une simple action, dite en Droit *confessoria* ou *negatoria*, sans être recevables par la voie de mainte-nue, ou complainte; Masuer. *in praxi forensi, tract. de poss. n.* 3.

Voyez sur cette question la distinction faite par DUMOU-LIN sur la Coutume de Paris, §. 1, *glos.* 4, *n. 51.*

Par Arrêt du 7 Mars 1626, il fut jugé que la complainte avoit lieu en pareil cas, parce que la complainte du vassal contre le Seigneur est reçue, quand le vassal a reconnu le Seigneur, & a satisfait aux droits qui lui sont dûs, selon la coutume & suivant la qualité de l'héritage.

Dans le cas présent il n'étoit pas question de Seigneur, car le Seigneur en prétendant le droit au marais, ne fait

point

point un acte de sa Seigneurie. Dumoulin, *dicto loco, n. 53.*
s'exprime ainsi : *si Dominus dicit non esse feudum , sed rem
propriam suam, aut alio quovis modo turbat, vel impedit
vassallum in possessione , aut fruitione feudi, vel alicujus partis,
sive arando, sive metendo, sive arbores præscindendo, &c.
tunc vassallus potest contra Dominum agere UNDE VI, si expul-
sum se ; VELUTI POSSIDETIS , si turbatum se quæratur , &c.*
Voyez l'Arrêt suivant.

COMPLAINTE.

*Si la possession de planter dans une partie d'un fond, opère
pour les autres endroits du même fond?*

LE Seigneur soutenoit dans le même Procès (*) , que dans
tous les cas la possession des habitans étoit bornée aux
endroits où ils avoient planté & élagué des arbres, mais
que la plus grande partie du marais n'ayant jamais été plan-
tée, ils ne pouvoient pas s'en prévaloir indistinctement ; par
Arrêt du même jour, on a cependant jugé le contraire,
sur le fondement que les habitans avoient eu la liberté d'y
planter s'ils l'avoient voulu, & qu'il ne constoit pas que
le Seigneur fut en possession de planter dans aucun endroit
du marais, *quia possessio vel præscriptio in parte, extenditur
ad totum.*

(*) Voyez l'Arrêt précédent.

CONFESSION.

Si un aveu fait dans un Procès, nuit dans une autre cause, à celui qui l'a fait, lorsqu'on n'y a point eu égard ?

ON a jugé en faveur du Sr. Derpe, que l'aveu & déclaration par lui faite pardevant les Echevins & Avoués d'Ypres, que la Dame Jeanne de la Woeſtyne étant incapable de teſter, parce qu'elle ne jouiſſoit pas de ſes biens, ne pouvoit pas lui nuire dans une autre cauſe, dans la circonſtance que nonobſtant cet aveu & déclaration, le teſtament de ladite Dame avoit été déclaré bon, ſelon la doctrine de la gloſe finale, *in authent. Item poſſ. qui potior. in pign. hab.*

CONFISCATION·

Si un Receveur du Roi, pour les Rentes Seigneuriales dévolues à Sa Majesté, par droit de confiscation, peut agir par exécution contre les débiteurs, ou s'il doit prendre la voie de saisie des fonds suivant la disposition des Coutumes ?

L E 25 Août 1645, il fut résolu au Conseil privé, que le Receveur du Roi ne procéderoit pas autrement que par la voie prescrite par la Coutume, *quia fiscus succedens privato, utitur jure privati, nec potest uti, in hoc casu, suo privilegio.*

Voyez ci-après sous le mot *Receveur.*

CONFISCATION.

Si lorsqu'un Aubain, ayant l'esprit aliéné, vient à mourir dans un lieu où le droit d'Aubaine est reçu, on peut confisquer ses Biens au profit du Seigneur ?

DAME Adrienne de Hornes, veuve de M. Bauduin de Lannoy, Seigneur de Tourcoing, ne laissa qu'un fils qui étoit malheureusement imbécille ; ce fils nommé François & né à Lille, demeura depuis la mort de sa mère avec la Dame de Sempy, sa tante paternelle, qui résidoit à Solre-le-Château, où il mourut : le Comte de Solre prétendoit avoir ses meubles & acquêts à titre d'Aubaine, selon la Coutume du Hainaut, mais il a été jugé le 17 Octobre 1618, qu'il n'étoit pas fondé dans sa prétention, parce que le domicile ne se change pas sans le vouloir : *L. 2, cod. de incolis*, & parce que le Sr. François de Lannoy, n'ayant jamais été capable de changer celui de sa naissance, il n'avoit pas pu se soumettre aux Coutumes du Hainaut, comme est censé le faire celui qui vient y prendre résidence volontairement ; & quoique la parenté fut une raison suffisante pour que ledit Sr. François de Lannoy ne fut pas réputé étranger, comme il en conste par un Jugement rendu en cette Cour le 20 Mai 1566, la Cour n'y a cependant pas eu égard, trouvant les raisons ci-dessus alléguées plus que suffisantes.

CONFISCATION.

Si elle a lieu dans la succession de deux frères rebelles qui ont laissé une sœur pour héritière?

CET Arrêt, en date du 19 Mai 1621, est rapporté par Mr. CUVELIER, Lettre C, au mot *Confiscation.* Voyez ci-devant sous le mot *Anticipation*, pag. 6.

CONJOINTS.

*Les Coutumes qui défendent aux conjoints de s'avantager, ne les empêchent pas d'avantager les parens l'un de l'autre. (*)*

PAR les Coutumes de plusieurs Pays, les conjoints par mariage ne peuvent s'avantager l'un l'autre ni directement ni indirectement, cela ne les empêche cependant point d'avantager leurs parens, *L. si vero* 64, §. *de vero, ff. solut. matrim.* Chass. *ad conf. Burg.* tit. *des droits appartenans à gens mariés* ; ainsi jugé par la Cour le 9 Mai 1598, dans le cas d'une donation faite par le mari à sa belle-mère.

[*] *Par Arrêt en forme de Réglement du 24 Février 1772, le Conseil Supérieur de Douay a jugé que cette défense comprend les enfans de l'un & de l'autre des conjoints.*

CONJOINTS

Si la défense que font certaines Coutumes aux conjoints de s'avantager l'un l'autre, peut être éludée par le serment, ou par le consentement de l'héritier; & si les stipulations contraires insérées dans les Contrats de mariages sont nulles ?

Guido Papa, *decis. 190*, est pour l'affirmative ; Peck. *de testam. conjug. lib. 4, n. 10*, pense de même : il a cependant été jugé le 13 Juillet 1615, & en Septembre 1617, que malgré le consentement de l'héritier, ces avantages, prohibés par la Coutume, étoient nuls, *cum pactis privatorum, juri publico derogari non possit*; de forte que l'héritier fut reçu à les arguer contre son consentement, malgré la réserve faite par les conjoints dans leur Contrat de mariage de pouvoir s'avantager, & nonobstant l'usage, qui a été réprouvé & jugé nul, *tamquam corruptela potius quam consuetudo*; ce dernier Arrêt est du 14 Octobre 1617.

CONJOINTS.

Si les conjoints peuvent révoquer les conventions insérées dans leur contrat de mariage?

EVERARDUS, *conf.* 119, 147, 193 *& 213, dicit quod dispositio facta in contractu antenuptiali, cujus effectus confertur post mortem contrahentium, habeatur pro ultimâ voluntate, & ideo liberè possit revocari : & hanc revocationem probat* Kinfcotius, *quatenus non respicit bona à parentibus in dotem data; respons.* 17 *, n.* 12 *&* 23 *,* & il a été jugé ainsi par le Conseil privé le 19 Octobre 1639.

Nota. Que cette décision ne peut s'appliquer qu'au Brabant, où les Coutumes permettent aux conjoints de s'avantager l'un l'autre, & de révoquer certaines conventions insérées dans leur contrat de mariage, ce qui ne peut se faire dans la Flandre.

CONSEIL.

Si les Juges, composant le Conseil d'un Prince, doivent suivre les ordres que leur donne le Souverain, de juger d'une manière qu'ils estiment être contraire aux règles de la Justice ?

EN Avril 1618, il fut décidé que l'on doit obéir au Mandement du Souverain, suivant la Déclaration de l'Empereur Charles VIII.

CONSEILLER.

CONSEILLER·

*Si le Conseiller d'une Cour Souveraine qui a opiné dans une
caufe jugée par Arrêt, peut affifter à la révifion qu'on
en intente, même après avoir quitté fon état ?*

L E 5 Décembre 1637 , il fut réfolu qu'un Confeiller
qui avoit opiné dans une caufe jugée par Arrêt , &
avoit quitté fa charge, ne pouvoit pas affifter à la révifion,
parce qu'il n'étoit plus du corps du Confeil ; cette queftion
a été motivée dans la caufe de Dame Jeanne de Ligne,
Douairière d'Efcaubecq, qui avoit préfenté requête, afin
que les Confeillers qui avoient affifté à fon Arrêt, & qui
depuis avoient quitté leur charge, fuffent de la révifion.

CONSEILLERS-CLERCS.

S'ils peuvent opiner dans un Procès où il s'agit de porter un décret de prise de corps.

LE 17 Novembre 1632, il fut jugé que non, *quia clericis prohibentur omnia illa ex quibus sequitur vel sequi potest vita amissio aut sanguinis emissio.*

CONTRAT.

Si les Contrats faits par le Prince peuvent être argués de nullité, parce qu'on n'y a pas obfervé toutes les formalités ?

LE 18 Décembre 1620, il a été jugé que les contrats faits par le Prince ou fes repréfentans font bons, quand même il y manqueroit des formalités effentielles : *folemnitates enim in contractibus Principis fupplentur per ejus præfentiam ; pacta enim facta cum principe funt lex, etiamfi fecundum rigorem juris non fubfifterent ;* Molin. *conf. 41.* D'après ces principes, une *engagère* faite fans déshéritance & adhéritance a été trouvée bonne & valable, parce qu'elle avoit été faite par le Prince.

CONTRAT DE MARIAGE.

Si les dons, legs, & successions survenues à la femme pendant le mariage, sont compris sous le nom d'acquêts ?

LE 31 Juillet 1610, il a été jugé que ce qui étoit acquêt au Donateur étoit aussi acquêt au Donataire, mais que ce qui étoit patrimoine demeuroit de même nature dans la personne de la fille ou de la nièce Donataire. Cet Arrêt est rapporté par Mr. CUVELIER, lettre D. aux mots *si donations font acquêts.* Voyez aussi d'ARGENTRÉ, sur la Coutume de Bretagne.

COUTUMES.

Le Prince ne permet point de disposer contre les Coutumes.

HELIE BECCU, Brasseur en la Ville d'Étaire, représenta au Roi en son Conseil-Privé en 1637, qu'il avoit trois fils, l'un majeur nommé Charles, veuf avec un enfant, & les deux autres encore mineurs ; que ledit Charles son aîné étoit un dissipateur, & qu'il n'espéroit pas même qu'il se corrigeât, pourquoi il demanda d'être autorisé de disposer au profit de l'enfant dudit Charles, en lui laissant le viage des biens dont il déposeroit, ou en faveur de ses deux autres fils : par apostille du 10 Octobre de la même année, il a été déclaré que ce que le Suppliant requéroit ne pouvoit s'accorder, parce que le Prince devoit maintenir les Coutumes, sur-tout dans le cas où elles donnoient, comme dans l'espèce présente, un moyen de pourvoir au mal dont le Suppliant se plaignoit, en lui laissant la voie de la curatelle.

COUTUMES.

Si les Coutumes des Villes & Châtellenies du Pays, obligent les Princes comme les Sujets?

CHARLES REINES, Avocat, ayant acheté un Fief relevant de la Seigneurie de Malines, le Procureur-général en intenta le retrait féodal au nom des Archiducs Albert & Isabelle; l'acquéreur s'y opposa, & foutint que fuivant la Coutume de Malines le retrait féodal n'avoit point lieu : par Arrêt du grand Confeil, du 13 Février 1621 , le retrait féodal fut cependant adjugé à leurs Alteffes, malgré la difpofition contraire de la Coutume de Malines, parce que les Coutumes, quoiqu'homologuées par le Prince, n'obligent pas le Prince : *cum in generali fermone perfona loquentis non comprehendatur*, fon approbation ne pouvant pas lui préjudicier, parce qu'elle n'a pour objet que d'obliger fes fujets à les fuivre.

COUTUMES.

Si dans les contestations qui s'élevent sur la succession à une Principauté, Comté, Baronnie, ou autres terres qui ont une Coutume particulière, il faut suivre cette Coutume ou celle du lieu dominant? ou si la Coutume particulière d'une Terre qui règle la succession des Fiefs & Terres qui en dépendent, règle aussi celle de ladite Terre?

IL a été jugé qu'il faut suivre la Coutume de la terre même, & non celle du fief dominant ; cet Arrêt, en date du 18 Mai 1622, est rapporté par Mr. CUVELIER, lettre F. au mot *Fief ne remonte en succession.* (a)

(a) Voyez M. DE HUMAYN, Artêt LXVIII, pag. 203.

CRÉANCIER.

*Celui qui est aux droits d'un Créancier hypothécaire ou
d'un engagiste, ne peut prescrire la propriété contre le
propriétaire.*

M. Evrard de la Marque, engagiste de la terre de
Duerbuy, avoit cédé en 1470 à perpétuité, par un
contrat emphytéotique à Jean Reys, la terre de Phalenge
qui en dépendoit. Les Archiducs Albert & Isabelle, étant
rentrés en 1609 dans cette partie de leur domaine, cédèrent
la même terre de Phalenge à Jean Dehasse, sans égard à
cette emphytéose, & suivant la maxime de Droit, *resoluto
jure dantis, resolvitur jus accipientis, L. lex vectigali, ff. de
pignor.* Les héritiers de Jean Raye s'y opposèrent & alléguèrent la possession de 123 ans qu'ils avoient en leur
faveur.

Par Arrêt du 27 Octobre 1618, le grand-Conseil décida
que la prescription ne pouvoit point avoir lieu dans ce cas,
parce que le principe de la possession devoit être considéré.
L. quid ergo in princ. ff. de iis qui not. infam. & parce
que Jean Raye avoit su ou dû savoir, en contractant avec
Evrard de la Marque, qu'il ne pouvoit pas céder plus de
droit qu'il n'en avoit, & qu'il n'en avoit plus aucun dans le
cas arrivé.

CREANCIER.

CRÉANCIERS.

Si la plus grande partie des Créanciers d'une personne insolvable, peut contraindre les autres à se conformer à un accommodement qu'ils ont fait avec leur débiteur, auquel ils font remise d'une partie de sa dette ?

N GUNDIBALDE, Marchand demeurant à Lille, ne pouvant point payer ses dettes, s'accommoda avec les deux tiers de ses créanciers, qui lui firent quelques modérations, auxquelles les autres créanciers ne voulurent point acquiescer ; Gundibalde demanda des lettres de confirmation pour les contraindre à accepter l'accord fait avec le plus grand nombre, & appuya cette demande sur la Loi 8, *ff. de pactis, ubi prætoris partes necessariæ sunt, qui decreto suo sequatur majoris partis voluntatem & majorem esse partem pro modo debiti, non pro numero personarum :* on lui répondit que le Placard de Charles V, du 4 Octobre 1540, défendoit d'accorder des lettres de confirmation en pareil cas, mais la pratique étant contraire à Lille & à Anvers, les deux villes les plus marchandes du pays, il fut arrêté le 12 Octobre 1644, de charger les Mayeur & Echevins de Lille, d'engager les créanciers refusans à se conformer à ce qu'avoit fait le plus grand nombre d'entr'eux ; il a cependant été reconnu alors qu'on ne pouvoit pas les y obliger, quoiqu'il eut été jugé plusieurs fois, & nommément le 2 Mars 1547 & le 3 Mai 1575, que pour justes causes, (comme s'il y avoit péril de tout perdre) le plus petit nombre étoit obligé de se conformer au parti qu'avoient pris les autres.

H

CRIMES DES ECCLÉSIASTIQUES.

Si le Juge d'Eglise, ou le Juge Laïque doivent en connoître ?

LEs crimes atroces commis par des Ecclésiastiques, comme crime de lèze-Majesté, parricide, homicide, &c. doivent être punis par le Juge laïque ; Griv. *decis. dol.* 30, *n. 8, 9. Item. Lypæus, de jurisd. ecclesiast. & civili, lib. 1, cap.* 7, *qui tenet Ecclesiasticum ante omnia debere degradari per judicem ecclesiasticum, sed contrarium tenet. Griv. dicto loco & sic judicatum tradit in Parlamento Dolano.*

La Sentence de Jean Bave, Prêtre de l'Ordre de St. Augustin, fut portée par le Conseil-Privé le 21 Octobre 1649 ; le condamné fut exécuté à mort par permission de son Altesse.

CRIME DE LEZE-MAJESTÉ.

Cas singulier.

M. Nicolas Orgemont, Conseiller-Clerc au Parlement de Paris, Diacre & riche bénéficier, fils du Chancelier Orgemont, convaincu du crime de leze-Majesté, fut, par Arrêt du Parlement de Paris du 30 Avril 1416, condamné à être conduit à la Bastille, & de là sur un tombereau à la Place de Greve, pour assister à l'exécution de ses complices condamnés à mort, à être ensuite dégradé, privé de ses bénéfices, à une forte amende envers le Roi, & à une détention perpétuelle au pain & à l'eau.

CRIME DE LEZE-MAJESTÉ.

Si les Armoiries des perſonnes condamnées pour crime de leze-Majeſté, peuvent paroître en public ?

Les Armes de Louis Comte d'Egmont, condamné pour crime de lèze-Majeſté, étoient au-deſſus de la porte du cabaret du Chapeau rouge à Valenciennes ; quelqu'un ayant repréſenté qu'il convenoit qu'elles fuſſent ôtées, il fut réſolu, le 31 Janvier 1648, d'en faire part au Procureur-général du grand-Conſeil, pour par lui faire à ce ſujet les devoirs de ſon office.

CRIME DE LEZE-MAJESTÉ.

Si pour un crime de lèze-Majefté commis par le père, le fils doit être exclus de la Tonfure & des Ordres facrés, lorfqu'il eft né après le crime commis ?

LE 3 Décembre 1646, il fut jugé par le Confeil-Privé, qu'on pouvoit donner la Tonfure au fils d'un criminel de lèze-Majefté, né après le crime de fon père, à caufe de la dureté qu'il y auroit d'exclure cet enfant du deffein qu'il avoit de fe dédier à Dieu, & ce nonobftant le difpofitif de la Loi *quifquis*, §. 1, *cod. ad leg. jul. majeft.* qui porte expreffément, *ut infamia paterna femper eos comitetur, & ad nullos prorfus honores, ad nulla Sacramenta perveniant.*

CRIME DE PARRICIDE.

Si on accorde l'abolition d'un parricide commis en minorité,
passé vingt-trois ans ?

N. Préfenta une Requête au Confeil privé, fous le nom de certain délinquant, portant que fon beau-frère avoit été maltraité par une femme, & que voulant en tirer vengeance, il avoit empoifonné fon fils, âgé de trois ou quatre ans, pourquoi il requéroit des lettres d'abolition, obfervant qu'il n'étoit alors âgé que de feize ans, & qu'au furplus fon crime étoit prefcrit par le laps de vingt ans ; il allégua pour la minorité, *quod in gravibus imò graviffimis criminibus, ob minoritatem, reus non fit puniendus pœnâ ordinariâ, fed mitiori ; ita* Menoch. *lib.* 2, *cent.* 3, *cafu* 329, *de arbit. jud.* & cita un Arrêt rendu le 20 Juillet 1592 par le Confeil féant à Malines, contre un jeune homme de feize ans, qui, étant convaincu de parricide, n'avoit été condamné qu'aux galères ; Papon, dans fes Arrêts, *liv. 24, tit. 11.* Il obferva encore, que le parricide étoit nommément repris au nombre des crimes qui fe prefcrivent par le laps de vingt ans, comme il en conftoit par différens Arrêts : Charond. *en fes réponf. liv.* 10, *rép.* 76 ; & que la Loi dernière, *ff. ad leg. Pompeiam, de parricid.* qui porte que le parricide ne fe prefcrit pas, devoit s'entendre de la prefcription de cinq ans introduite pour les autres crimes.

Malgré ces raifons, attendu l'attrocité du crime, l'on n'a pris aucun égard à la minorité du Suppliant, *cum fuerit doli capax ;* & il a été déclaré que *ce qu'il requéroit ne pouvoit s'accorder*; on confidéra encore, qu'on ne devoit pas donner un exemple qui put faire croire que tel crime pouvoit s'abolir; on ajouta que dans tous les cas le Suppliant devoit demander des lettres de rémiſſion; il a cependant été décidé, que la preſcription de vingt ans avoit lieu en ce cas, mais qu'il n'échéoit point d'accorder des lettres d'abolition. Servin, dans ſes plaidoyers, *vol. 3, fol. 503*, dit : que pour un homicide commis dans les bois, la preſcription de vingt ans a lieu, non-ſeulement pour l'action criminelle, mais auſſi pour l'intérêt civil; pourquoi la Cour a déclaré les accuſateurs non recevables en l'accuſation dudit crime, qui a été déclaré aſſoupi, ſans dépens, dommages & intérêts.

DÉCRET.

Voyez ci-après ſous le mot *Mineur.*

DÉMENTI.

Si un démenti ſur injure donné pardevant un Commiſſaire de la Cour, eſt puniſſable? (*)

UN Avocat ayant donné un démenti à ſa partie, qui l'accuſoit de larcin, fut, par Arrêt du 13 Mars 1617, condamné à douze florins d'amende, applicable aux pauvres, parce qu'il avoit deſpecté la Cour, à laquelle il avoit juré de porter honneur lors de ſa réception. Voyez Minſing, *obſerv. cent. 5, chap. 17.*

(*) Voyez M. DE HUMAYN, Arrêt LVI. pag. 186.

DIMES.

*Privilége de l'Ordre de Cîteaux , de ne payer aucune Dîme
pour les Terres qu'il cultive.*

MATHILDE, Comtesse de Flandres , voulant fonder une
Chapelle, appellée *juxta aulam principis*, donna en
l'an 1215, aux Chapelains qui en seroient pourvus, certaines dîmes à elles appartenantes : les terres sur lesquelles lesdites dîmes se levoient appartenoient à l'Abbaye de
Los, qui les avoit toujours payé, mais qui les ayant fait labourer pour son compte en 1607 refusa de les payer, sous
prétexte des priviléges donnés à l'ordre de Cîteaux par plusieurs Papes, portant exemption des dîmes pour les terres
de son occupation, ainsi qu'il constoit plus particulièrement
des Bulles de Martin V. & d'Honorius de l'an 1482.

Il s'éleva à ce sujet une contestation entre les Chapelains
de ladite Chapelle & le Chapitre de St. Pierre de Lille d'une
part , & l'Abbé de Los d'autre part ; ce dernier obtint dans sa
demande à la Gouvernance de Lille & au Conseil de Flandres , mais il fut condamné de toute voix au grand Conseil,
sur le fondement que ce privilége ne concernoit que ceux
ausquels les dîmes appartenoient de droit commun, & aucunement ceux qui, comme les Chapelains en question , les
possédoient à titre particulier & onéreux ; l'Arrêt est du mois
d'Octobre 1633 : voyez Covarr. *lib. 1, var. resol. cap. 17, in
fine*; Zypæus *, consult. 8 , lib. 8.*

DIMES.

DIMES.

Si le Juge Eccléſiaſtique, ou le Juge laïque doit connoître
des conteſtations ſur la quotité de la Dîme?

L'ABBAYE de St. Amand, à qui appartient toute la dîme
de Mouchin, ayant attaqué Vincent Bauquier, qui oc-
cupoit pluſieurs parties de terres audit Village, pour le contraindre à payer la onzième gerbe, & celui-ci ayant répondu
que depuis cinquante ans & plus, on ne levoit pour dîme
audit Village que trois du cent : il s'eſt élevé un conflit de
Juriſdiction entre l'Official de Tournai & la Gouvernance de
Lille, pour ſavoir à qui il appartenoit de connoître de ce
différent ; l'on cita de part & d'autre le Placard du premier
Octobre 1520, qui contient entr'autres diſpoſitions que » feue
» Sa Majeſté Impériale avoit promis *que nonobſtant que les*
» *dîmes en chacun quartier avoient de temps immémorial eu leur*
» *réglement, & que les gens d'Egliſe aient amplement été pour-*
» *vus de plus grands biens, & dont ils avoient occaſion d'eux*
» *contenter, ſans mettre ſus, lever, ou exiger d'autres nouvelles*
» *tailles & exactions à la charge du peuple, toutefois que non*
» *contens de ce que leur étoit dédié à raiſon deſdites dîmes,*
» *comme leurs prédéceſſeurs les avoient loué, ils ſeroient avan-*
» *cés d'en vouloir conſtituer des nouvelles, & pour parvenir à*
» *leurs intentions, & y ſoumettre ſes ſujets, ils les faiſoient*
» *citer pardevant Juges d'Egliſe, à eux favorables, & ſur ce*
» *par ſon diſpoſitif auroit ordonné par forme d'Edit perpé-*
» *tuel, pour relever leſdits ſujets deſdites nouvelles & indues*
» *exactions, qu'ils ne pourroient prétendre, lever, exiger,*

I

» *ou recevoir aucunes nouvelles dîmes, charges, ou droits*
» *quelconques, de quelque forte ou espèce de biens que ce fut,*
» *autres qu'eux ou leurs prédécesseurs auroient accoutumé lever*
» *passé quarante ans, ainsi qu'ils se contenteroient des dîmes*
» *& droits ordinaires, qu'ils avoient perçus & duement joui*
» *& usé auparavant ledit terme de quarante ans, leur inhibant*
» *aussi de pour icelles nouvelles & indues exactions décerner*
» *citations pardevant eux, ni en prendre cause, ou connois-*
» *sance, décision, & interprétation, ains demeureroient à ses*
» *consaulx & Juges ordinaires des provinces, lesquels elle*
» *auroit, quant à ces fins, autorisé, &c.* » Par Arrêt du Conseil-Privé, du 22 de Janvier 1600, on renvoya la connoissance de ce Procès pardevant les Officiers de la Gouvernance de Lille, pour décider s'il y avoit quelque nouveauté dans la prétention des Religieux de St. Amand, & on les condamna aux dépens.

Zypœus eſt d'avis contraire, *de jurisd. ecclef. & civili, lib. 1, cap. 39, n. 12;* voyez Brodeau ſur Louet, lettre D, art. 29, & Tronchon, ſur la Coutume de Paris, article 85, où il dit : *cette Ordonnance a été étendue à la Dîme que l'on demande,* ULTRA QUOTAM ET MODUM CONSUETUM, *auquel cas, bien que l'on demeure d'accord que la Dîme foit due, néanmoins la queſtion, à quelle raiſon elle fe doit payer, étant une choſe temporelle & profane, fe doit traiter par le Juge laïque.* Voyez Dulaury, Arrêt 99, ainſi jugé par Arrêt du 22 Juin 1575. *Voyez* l'Edit de Milan, art. 29, & l'Ordonnance de Blois, art. 50.

DIMES.

Si la Dîme de Colsat & de Navette est due?

IL a été jugé plusieurs fois, notamment le 12 Juillet 1614, le 15 Octobre 1683, & le 8 Novembre 1654. que la dîme de Colsat & de Navette doit être payée aux Ecclésiastiques. La même chose a encore été jugée par Sentence du Bailliage de Lille du 7 Avril 1644, confirmée au Conseil de Flandres le 31 Juillet 1655, entre les manans du Village de Lomme & le Chapitre de St. Pierre dudit Lille.

Voyez les Arrêts du Parlement de Flandre, par MM. D'HERMAVILLE, DE BARALLE, DE FLINES ET DE BLYE, tome 2, pag. 35 & 142.

DIVISION DES FRUITS.

Comment doit se faire, entre les héritiers du mari & la veuve, la division des fruits civils d'une métairie donnée en louage?

LA métairie appartenoit à la veuve, & le 9 Juillet 1617, il fut jugé qu'on devoit avoir égard au pied coupé, tellement que si à la mort du mari le pied étoit coupé, le tout appartenoit à ses héritiers, & s'il ne l'étoit pas, rien ne leur appartenoit, *ex L. si defuncta, ff. de usufructu. Quia maritus percipit fructus, non ad onera matrimonii sustinenda, sed jure societatis.*

DONATION.

*Si une Donation, qui n'est qualifiée ni d'entre-vifs, ni à
caufe de mort, doit être tenue à caufe de mort, quand le
Donateur s'eft réfervé le pouvoir de difpofer autrement ?*

PIERRE DESBUISSONS, demeurant à Arras, donna le 13
Mars 1618, à Nicolas Cohinet & fa femme, toutes fes
rentes conftituées, & celles qu'il feroit encore conftituer,
avec cette claufe : » *fi avant toutefois qu'icelui comparant*
» *n'en ait autrement difpofé par teftament ou autrement,*
» *comme faire le pourra, & dont il s'eft réfervé faculté &*
» *puiffance.* » Cette donation fut attaquée par Thomas
& Martin Desbuiffons fes neveux. On motiva la queftion de
favoir fi la réferve *de pouvoir difpofer*, ne rendoit point la
donation nulle ou à caufe de mort; les neveux foutenoient
l'affirmative, & difoient que moyennant cette réferve le
Donateur s'étoit préféré aux Donataires, *donator maluit fe
habere, quàm donatarium, & tunc donatio dicitur caufâ mortis;*
ils oppofoient encore que *donner & retenir ne vaut,* & que le
Donateur, en retenant le pouvoir de difpofer, avoit donné
& retenu, comme explique la Coutume de Paris, *art.* 274,
& Lommeau, *liv.* 3, de fes Maximes, *chap.* 116, ils citoient
Dumoulin, *conf.* 60, *n.* 6. *illi titulo,* dit ce Jurifconfulte,
en parlant des donations entre-vifs, *derogatur, per claufulam
revocabilitatis fequentem, L. pacta noviffima, cod. de pactis,
quia ille titulus intelligitur, excepto cafu in quo eâdem donatione refervatur expreffa poteftas revocandi, videlicet, teftando
vel legando.*

Cohinet foutenoit, au contraire, que la donation étoit bonne & entre-vifs, nonobſtant cette réferve : il citoit Mantica, *de conjecturis ult. vol. lib. 1, tit. 13, n. 20,* où cet Auteur dit : *eſſe donationem inter vivos, ita ut refolvatur ſub conditione, ſi, & quatenus ſequatur alienatio, quod eleganter diſcutit Vamefius, conf. 158, vol. 1, n. 10, 11, 12, dicens hanc refervationem non mutare ſpeciem donationis, & cum donatione inter vivos ſtare poſſe, nec eſſe contra naturam illius, etiamſi aliquo modo, illius naturam communem & conditionem excedat, L. cum quis decedens, §. patet, ff. de legatis 3, nam etſi ex ſuâ genuinâ naturâ donatio inter vivos ſit irrevocabilis, ex confirmante tamen, non infirmante pacto revocabilis effici poteſt, L. 1, & ſeq. cod. de donat. quæ ſub modo, & d. §. patet;* il répondoit à l'autorité de Dumoulin, que le paſſage cité par ſa partie adverſe n'étoit que l'objection qu'il faiſoit, & à laquelle il répondoit, n. 19, en ces termes : *ob dictam refervationem, donatio non recidit in cauſam mortis, ſed remanet verâ donatio inter vivos, ſaltem in locis qui jure ſcripto reguntur, quia de jure poteſt fieri donatio inter vivos, cum pacto revocandi in certum caſum vel eventum dumtaxat, & tunc remanet donatio inter vivos & fortitur effectum ceſſante caſu refervato;* Arg. *L. ſi alienam, §. ſic quoque, ff. de donat. cauſa mortis,* & il ajoutoit que ce que Dumoulin diſoit d'un cas particulier où le Donateur ſe feroit réfervé le pouvoir de diſpoſer des biens donnés, devoit également s'entendre d'une réferve générale & indéfinie, parce qu'elle n'eſt pas plus contraire à la nature de la donation entre-vifs, qu'une réferve particulière & bornée à certains cas ; & qu'il étoit indifférent que la donation ne fut pas qualifiée entre-vifs, parce que ſuivant Imbert, en ſon Enchiridion, au mot *Donation, potius inter vivos quam mortis causâ donatio præsumitur.* Par Arrêt du 12 Novembre 1622, la Cour a jugé que cette donation étoit bonne & entre-vifs ; *quid autem de donatione causâ mortis in quâ est clausula de eâ non revocandâ.* V. Clarum, §. *donatio, quæst. 5.* Voyez la suite, lettre E., au mot *Edit perpétuel.*

DOUAIRE.

Si la stipulation d'un Douaire conventionnel empêche l'un des marians de demander le Douaire coutumier ?

LE 16 Septembre 1622, il fut jugé que le mari, auquel on avoit fait un douaire conventionnel par son contrat de mariage, n'étoit pas recevable à demander le douaire coutumier, à moins que la coutume lui permit de choisir entre ces deux douaires, nonobstant stipulation de douaire préfixe, *quia provisio hominis facit cessare provisionem legis ;* il fut jugé de même en l'année 1616.

DROITS SEIGNEURIAUX.

S'ils font dûs pour divifion, partage, échange, don, ou tranfport ?

LA Coutume d'Artois porte, *art.* 28, qu'il eft dû droit Seigneurial pour vente, don, échange, &c. Le Prince de Ligne prétendit en conféquence en recevoir un fur la terre d'Efquelbecque, tenue du Comte de Fauquemberg, dans l'efpèce fuivante : le Sr. Delacroix, à qui la moitié de cette Terre étoit échue à titre de fucceffion par le trépas de fa fœur, veuve du Sr. Delamotte, avoit cédé tous fes droits au Sr. Gouvernonval, à qui l'autre moitié appartenoit du chef dudit Sr. Delamotte ; (cette Terre avoit été acquife par les Sr. & Dame Delamotte pendant leur mariage) cette ceffion avoit été faite, partie pour douze mille florins, partie pour d'autres héritages venant tant de la fucceffion dudit Sr. Delamotte, que d'ailleurs ; & on prétendoit que pour femblables divifions & partages, il n'étoit dû aucun droit Seigneurial, parce que c'étoit une divifion néceffaire. Chaffan. *ad conf. Burg. tit. de conf.* §. 7, *n. 3.* Ant. Faber. *ad cod. lib. 5, tit. 35, defin. 1, n. 4, &c.*

Par Arrêt du 4 Septembre 1627, les droits ont été adjugés à concurrence des douze mille florins débourfés, & des parties de biens donnés en échange qui ne venoient point de la fucceffion du Sr. Delamotte ; & il a été ordonné en conféquence de vérifier que ledit Sr. Gouvernonval tenoit partie des biens cédés de la fucceffion du Sr. Delamotte :

& préjugé que dans le cas contraire, on auroit dû payer le droit Seigneurial pour le tout.

Il a été aussi jugé par Arrêt du . . . . que quand, en matière de partage, on donne de l'argent pour récompense de la valeur de quelque terre, les droits Seigneuriaux sont dûs ; ce dernier Arrêt est intervenu dans la cause de la Dame de Wambrechies, joints à elle & prenants son fait & cause la Dame d'Egmont, d'une part ; & les Religieux de St. Vaast & le Comte de Rœux, d'autre part.

Voyez les Arrêts du Parlement de Flandre par MM. D'HERMAVILLE, DE BARALLE, DE FLINES ET DE BLYE, tome 2, pag. 18.

ECCLÉSIASTIQUES.

Les Ecclésiastiques sont sujets aux Ordonnances politiques des Juges laïques.

LEs Ecclésiastiques sont soumis aux Ordonnances politiques des Juges séculiers, comme il paroît par le Placard de l'Empereur Charles V. donné à Gand le 18 Juin 1537, & par un autre donné à Bruxelles le 25 Novembre 1548, *ne confusio & turbatio oriatur in republicâ.*

EDIT

ÉDIT PERPÉTUEL.

Si les dispositions de l'Edit perpétuel des Archiducs de l'an 1611, qui introduisent certaines formalités pour les Testamens & autres Actes de dernières volontés, concernent les donations à cause de mort?

LE 12 Novembre 1622, il a été jugé que les formalités requises par l'art. XII. de l'Edit perpétuel pour les testamens, ne sont pas nécessaires pour les donations à cause de mort; Covarr. *in rub. de testam. part. 3, n. 1*, dit : qu'en Espagne, où les femmes ne peuvent pas contracter sans être autorisées de leurs maris, quoiqu'elles puissent tester sans leur consentement, elles ne peuvent point donner à cause de mort, sans leur autorisation, *quia, inquit, talis donatio est similis contractui quoad initium & ordinationem, sed quoad effectus assimilatur ultimis voluntatibus, & sic donationes causâ mortis, non censentur ultimæ voluntates, neque contractus absolutè, sed efficiunt tertiam speciem distinctam.*

K

ÉDIT PERPÉTUEL.

*Si l'Article **XIX**. de l'Edit perpétuel, portant que »pour*
» chofe excédante en valeur trois cens florins, l'on ne
» peut faire preuve par témoin,» *a lieu dans le cas*
d'une Commiffion donnée par le Seigneur à fon Officier,
dans laquelle il n'eft pas fait mention de fes fervices, qu'il
prétend prouver par témoins?

DAME Jeanne de Lalaing, Comteffe douairière de
Sobre, avoit donné au Sr. de Pollehay, le Bailliage
de Condé, fans faire mention dans fa commiffion, que c'étoit
pour récompenfe de fes fervices ; elle l'en avoit enfuite dé-
pouillé pour le conférer à un autre : Pollehay foutint qu'elle
n'avoit pas pu le deftituer, parce qu'il étoit pourvu à titre
onéreux ou pour fervices rendus, ce dont ladite Dame étoit
fouvent convenue pardevant témoins, quoiqu'elle eut omis
d'en faire mention dans fa commiffion, & il demanda d'être
admis à en faire la preuve par témoins ; on lui oppofa l'article XIX. de l'Edit perpétuel : & par Arrêt du Confeil-Privé
du 30 Juin 1642, il a été renvoyé de fa demande, parce
qu'on ne pouvoit pas admettre cette preuve. On a cité à
ce fujet un autre Arrêt du même Confeil du 16 Septembre
1626, qui avoit décidé que l'article XIX. de l'Edit perpétuel
devoit avoir lieu en toutes conventions, particulièrement
entre le Mandant & le Mandataire. *Voyez* Anfelmo, fur
cet article, & le nouveau Commentaire fur l'Edit perpétuel,
audit article.

ÉGALITÉ DES ENFANS·

*Si un père qui a promis, par contrat de Mariage, à son
fils de le rendre égal à ses autres enfans dans sa succession,
peut avantager ses autres enfans par legs?*

L E 17 Juillet 1621, il a été jugé qu'un père ne pouvoit
pas léguer au préjudice de son enfant, à qui il avoit
accordé égalité par son contrat de Mariage; Gudelinus, *de
jur. nov.* & Charond. *lib. 2. resp. cap. 54.*

ENFANT.

Voyez Légitime.

ENGAGERE.

Si les Archiducs Albert & Isabelle ont pu valablement donner en engagère quelque partie du Domaine, pour plus long-temps que leur vie, & jusqu'au rachat?

LEs Lettres de cession des Pays-Bas, faite par PHILIPPE II. Roi d'Espagne, à la Sénérissime Infante, sa fille ainée, le 6 Mai 1598, portent entr'autres clauses : *item , & à condition & non autrement que notredite fille , ni aucun ordre des appellés à ladite succession, ne pourra par raison quelconque inféoder lesdits Pays, ni les donner , ni les aliéner sans notre consentement, & celui de nos héritiers & successeurs en ce Royaume.*

ON DEMANDE, si d'après cette clause, la Sérénissime Infante & le Sérénissime Albert son mari, ont pu en charger, donner en engagère ou impignoration , les droits & revenus, au-delà de leur vie.

M. le Conseiller DE GRYSPERE, préposé pour les causes fiscales, étant consulté sur cette question par les Chefs , Trésorier général, & Commis des Finances, fut d'avis que leurs Altesses pouvoient librement donner certaines parties des biens repris dans l'acte de cession, en engagère, pour par les contractans en jouir jusqu'à la rédemption d'icelles, sur le fondement que cette clause devoit s'entendre sainement , & selon la propre signification des mots dont on s'étoit servi : c'est-à-dire , de la totalité des Pays-Bas, Seigneuries & Souveraincté d'iceux, & des Provinces, Villes & Châtellenies & Communautés en dépendantes, ainsi qu'ils étoient repris dans l'Ordonnance pragmatique de l'an 1549, afin de les tenir à toujours unis ; à quoi on auroit contrevenu, fi par inféodation, donation ou vente, on les avoit fait paffer à un autre Prince, ce qu'on a voulu prévenir par ladite claufe.

.Cet avis fut fuivi par les Confaux privés & des Finances, qui s'y font conformés le 8 Février 1604.

ENGAGERE.

Voyez-ci-devant l'Arrêt rapporté fous le mot *Créancier.*

ENQUÊTES VALÉTUDINAIRES.

Les Enquêtes valétudinaires, tenues pendant l'inftruction d'un procès ou avant, entrent en taxe : ainfi jugé par Arrêt du 17 Février 1622.

ÉPAVES.

Si le fifc peut prétendre droit d'Epave ou d'Aubaine fur les biens délaiſſés à la mort d'un ſoldat Croate, ſervant dans un Régiment au ſervice du Roi ? Et qui doit prendre connoiſſance des biens par lui délaiſſés ?

L E 10 Mars 1645, il fut jugé par le Conſeil-Privé, qu'en ce cas il n'échéoit pas de droit d'épave ou d'aubaine, parce qu'il falloit ſuivre les coutumes & uſages établis parmi les Croates, ſuivant leſquels le Colonel ſe charge de tous les biens du trépaſſé, pour être par lui diſtribués à ſes créanciers, légataires & héritiers, dans la vue de ne point diſtraire ces gens du ſervice du Roi ; ajoutez à cela, que le droit d'épave ne peut avoir lieu que contre les habitans de ces Pays,

ESCLAVES.

Si un Esclave fugitif qui se réfugie aux Pays-Bas, peut être revendiqué par son maître?

PAR Arrêt du Conseil de Malines, du 7 Mars 1531, un Esclave appartenant à l'Ambassadeur de Portugal, qui s'étoit enfui & réfugié dans ce Pays, fut déclaré libre, malgré la réclamation de son maître, parce que dans ces Provinces, personne n'est esclave.

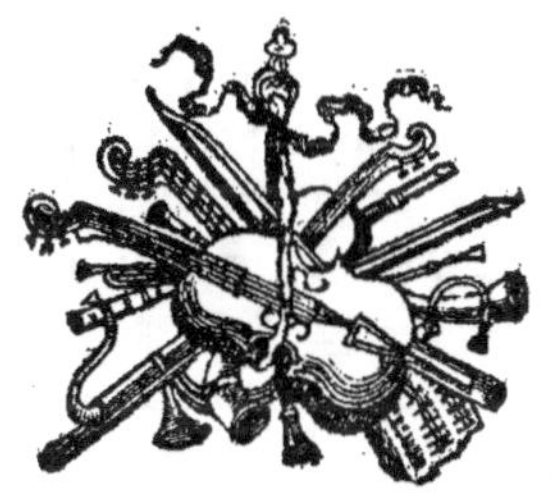

ESTIMATION DES FRUITS.

*Un défendeur étant condamné à se dépouiller d'une Terre,
& à en rendre les fruits : comment procédera-t-on à l'estimation de ceux des années pendant lesquelles il a labouré
ladite terre, sans en avoir tenu note, ni pouvoir les
renseigner ?*

NICOLAS TABOULET, avoit acquis des Abbé & Couvent
d'Alne, la terre de Graux, pays de Namur, mais la
vente fut déclarée nulle par le Conseil de Namur, qui ordonna en conséquence audit Taboulet, de rendre les fruits
des années de sa jouissance : on motiva, en conséquence,
la question de savoir comment on feroit l'estimation des fruits
pour les années qu'il avoit occupé cette terre par lui-même ; &
par Arrêt du 29 Avril 1617, il fut ordonné que l'on prendroit
les cinq années précédentes & les cinq années suivantes, pour
en faire un tout, dont on tireroit le dixième pour former
l'estimation de chaque année ; Pinell. *ad L.* 2, *cod. de rescind.
vend. part.* 2, *cap.* 4, *n.* 35, 38, *&* 40. Idem, *part.* 3,
cap. 4, *n.* 30 ; (*quia erat possessor bonæ fidei,*) ce qui est
conforme au Placard du 5 Mars 1514, concernant les rentes
en grains, qui dispose que dans le cas où l'on ne pourroit pas faire apparoir de la somme fournie ou du prix
convenu, les rentes doivent être réduites & modérées en
argent au denier seize, suivant la valeur des grains pendant
les trois années qui ont précédées, & les trois années qui
ont suivies la création de la rente.

ÉTRANGERS.

ÉTRANGERS.

Si les Etrangers peuvent posséder des bénéfices en ces pays ?

UN étranger est inhabile à posséder des bénéfices en ces pays, s'il n'est naturalisé par lettres du Prince, contenant qu'il l'habilite à tenir tous états, offices, [& bénéfices. Ce point de Droit est fondé sur la *L. in Ecclesiis, cod. de Episcopis & Clericis;* & sur le Droit canon, *cap. ult. de Clericis & Beneficiis :* voyez Gregorius, *in cap. bonæ memoriæ 4, de postul. præl.* Covarr. *pract. quæst. cap. 35, n. 5 :* Zypæus, *de jure pontif. novo, lib. 1, tit. de Clerc. n. 13;* & plusieurs autres qui rendent également raison des motifs qui y ont donné lieu.

ÉVÊCHÉ VACANT.

Si les Vicaires généraux d'un Diocèse font fondés de s'ex-
cufer de procéder en juftice, pendant la vacance du Siége,
pour foutenir au poffeffoire les droits de l'Evéché, en
matière de collation de bénéfices?

LE fiége Epifcopal d'Ypres étant vacant, les Vicaires généraux conférèrent un Canonicat à N. Herlebout. N. Dulauny jeta fes grades deffus, en vertu du privilége de l'Univerfité de Louvain, & Eugene de Vicq obtint du Pape le même Canonicat : il y eut à ce fujet un procès entre les trois pourvus pour la récréance : les Vicaires généraux voulurent le faire ftater à caufe de la vacance du fiége, & fur le fondement que *fede vacante nihil eft innovandum : Ecclefia vacans caret legitimo defenfore : & contra minorem non legitimè defenfum non tenet lata fententia ;* malgré ces raifons il fut jugé au Confeil de Flandres, le 8 Mai 1641, qu'on devoit paffer outre à la décifion du procès ; on a obfervé à ce fujet qu'il n'étoit quef-tion que de récréance, & qu'en cas de perte il y avoit re-cours au Parlement, au Poffeffoire, & au Pétitoire, enforte que le préjudice n'étoit pas confidérable ; on a ajouté que le procès concernoit principalement les pourvus qui fe défen-doient, & que l'intervention de l'Evêque n'étoit pas abfolu-ment néceffaire ; on a cité l'exemple des Vicaires généraux de l'Evêché d'Arras, qui pendant la vacance du fiége avoient foutenu un procès au poffeffoire, pardevant le Confeil d'Ar-tois, pour le droit de pêche dans les foffés de la Cité, contre le Baron d'Ere, Gouverneur d'Arras, & avoient été reconnus pour partie légitime, à tel effet qu'ils avoient obtenu une Sentence provifionnelle au profit de l'Evêché : on a dit enfin que comme un mineur eft obligé de pourfuivre fes droits en demandant ou en défendant, fans attendre qu'il foit devenu majeur, de même le Chapitre ou les Vicaires ne devoient point différer à foutenir ceux de l'Evêché jufqu'à l'arrivée d'un nouvel Evêque.

EVÊQUE.

Si un Evêque eft fondé à prétendre d'intervenir au fcrutin, pour l'élection d'une Abbeffe dans une Abbaye de fon Diocèfe ?

PAr Arrêt du Confeil-Privé du 8 . . . . 1645, il a été jugé qu'un Evêque n'avoit pas droit d'intervenir au fcrutin pour l'élection d'une Abbeffe, parce que le Roi ayant droit de nomination aux Abbayes, il lui étoit libre de s'informer, par qui bon lui fembloit, de la capacité de ceux ou celles qu'il devoit choifir ; il a d'ailleurs été vérifié que S. M. avoit la poffeffion en fa faveur ; il s'agiffoit de l'élection d'une Abbeffe de Boofemberghe ou Waefmunfter, au pays de Waft, dans l'Evêché de Gand.

La même queftion a été décidée contre M. d'Ortemberghe, Evêque d'Arras, au fujet de l'élection des abbés d'Anchin & d'Eftrin ; ce Prélat s'étant plaint aux Archiducs de ce qu'on ne l'avoit pas repris au nombre des Commiffaires nommés pour procéder auxdites élections, fa Requête a été rejetée, & on a lui répondu que s'il avoit quelques repréfentations à faire fur le compte de quelques Religieux de ces Abbayes, on les écouteroit volontiers, & qu'on y prendroit tels égards que de raifon.

EXÉCUTION.

L'Exécution pour plus qu'il n'eft dû, eft nulle, & donne lieu aux dommages & intérêts.

AInsi jugé le 24 Mars 1618, *quia in materiâ executionis qui cadit à fillabâ cadit à toto;* Bugnyon, *des Loix abrogées*, liv. 2, art. 257.

Il n'en feroit pas de même, fi l'exécution fe faifoit pour deux caufes différentes; Peck. *de jure fiftendi, cap.* 47. Auquel cas, on pourroit échouer dans l'une fans nuire à l'exécution.

EXÉCUTION.

Les Sentences des Echevins de Tournai, lorfqu'elles font réparables, peuvent être exécutées, nonobftant les Lettres de reliefs d'appel obtenues à Malines avec claufe d'état.

AInsi jugé en faveur des Abbé & Religieux de Saint Martin à Tournai, contre Jean Marchand, le 21 Février 1604.

FEMME MARCHANDE.

Si une femme qui achète & vend la même marchandife que
fon mari, doit être réputée marchande publique, à l'effet
d'être obligée dans les dettes de fon mari ?

PAR Arrêt du Confeil de Malines, du 29 Mai 1621, il
a été jugé que telle femme n'étoit pas tenue aux dettes
de fon mari. Chop. *ad L. aud. lib. 3, tit. 2, tom. 6, muliebre*
negotium, dit-il, *hanc recipit diftributionem, ut fi conjux in*
eâdem quâ maritus negotiatione verfetur, tunc quafi inftitor
Dominum, fic illa maritum obligat, non fe ipfam ; Arg. L. ult.
ff. de inftitor. Si autem mulier merces emat, aliam vero ma-
ritus negotiationem exerceat, hoc cafu vere mercatrix intelli-
gitur eritque creditoribus obnoxia. Le Placard du 4 Octobre
1540, où il eft dit : » *que les femmes marchandes qui feront*
» *banqueroute, & qui fe feront mêlées publiquement de la mar-*
» *chandife, feront tenues de répondre pour les dettes de leurs*
» *maris,* » eft étranger au cas préfent, parce qu'il ne difpofe
que dans le cas fpécial de banqueroute.

Voyez l'Arrêt fuivant.

FEMME MARCHANDE.

Si la difpofition d'une Loi politique, comme le Placard de l'Empereur du 4 Octobre 1540, peut être abrogée par un ufage contraire?

DANS le même Procès (*), la veuve demandoit le douaire à elle conftitué par fon mari ; les créanciers lui objectoient le Placard de 1540, qui dit : » *que femmes qui contracteront* » *mariage avec marchands, ne pourront avoir aucun douaire,* » *ou autre gain, fur les biens de leurs maris, ou prendre part* » *ès acquêts par eux faits, jufqu'à ce que les créditeurs foient* » *payés :* » elle répondoit que ce Placard n'étoit pas reçu ni pratiqué à Valenciennes ; mais la Cour, par Arrêt du même jour 29 Mai 1621, ne trouva pas à propos de s'informer du fait, parce que le Placard étant porté pour le bien du Pays, il ne pouvoit pas être abrogé par un ufage contraire : *ejufmodi politicis ordinationibus,* dit Nicolas Goffon, fur la Coutume d'Artois, art. 5, *ut neceffariis, rerum ordinibus confervandis, neque legali, neque confuetudinariâ præfcriptione derogatur, exemplum eft conftitutio fuper collatione tributorum, quæ dicitur carolina, edictum quoque decimarum fuper folutione & collectione.*

____

[*] Voyez l'Arrêt précédent.

FÊTES.

Autorité requise pour l'établissement des Fêtes.

LE Pape ayant changé quelques Fêtes, on mit en déli-bération si le confentement du Souverain n'étoit pas néceffaire, & par réfolution du Confeil-Privé, du 7 Juillet 1643, il fut tenu qu'oui. La même chofe fut jugée par Arrêt du Parlement de Paris du 27 Février 1603, & l'Empereur Charlemagne a difpofé des Fêtes qu'il vouloit être obfervées dans fes Etats, comme on le voit au livre premier des Capitu-laires, *art.* 164 ; & au deuxième, *art.* 35, *Feftos dies,* dit-il, *in anno celebrare fanximus & feftivitates Martyrum vel Con-fefforum obfervare decrevimus.*

FIDEICOMMIS.

De la permiſſion que le Roi donne en cas de néceſſité, & à défaut d'autres biens, de vendre ou charger les biens fidéicommiſſés.

ROSE DE VERMEILLE, veuve de Jean Dubois, demeurante à Douay, expoſa en 1638 au Conſeil-Privé, que ſon mari l'avoit laiſſé chargée de ſept enfans, & de pluſieurs dettes conſidérables, qu'elle étoit hors d'état de payer, & qu'elle alloit manquer de pain, ſi on ne lui permettoit pas de vendre quelques parties des biens fidéicommiſſés qui lui étoient échus : on lui a accordé ſa demande par Arrêt du 12 Février de la même année.

Par Arrêt du 7 Avril 1644, pareille permiſſion fut accordée à Jacques-Guiſlain Obert : Wallerand ſon père l'avoit chargé de fidéicommis, avec défenſe abſolue de vendre ſes biens, à moins que ce fut pour conſtitution de douaire, partages, ou pour faire remploi en parties plus utiles : ledit Jacques-Guiſlain Obert ſe trouvant chargé de onze enfans, & obligé pour vivre de labourer la Ferme de la Mazure, ſituée à Wattrelos, Châtellenie de Lille, il demanda d'être autoriſé de lever huit mille florins en rente pour payer ſes dettes & ſurvenir à ſes autres néceſſités, ce qui lui fut accordé, vu que le père lui permettant l'aliénation de ſes biens, pour le prix être remployé en héritages plus profitables & pour douaire de ſa femme, on devoit préſumer que ſon intention étoit auſſi qu'il put les aliéner dans le cas de néceſſité urgente, *de jure fideicommiſſum diminuitur ex cauſâ alimentorum, quando*

filius

filius vel filia gravati reftituere non habent aliundè undè fe alent; in authent. comm. de legibus.

FIDEICOMMIS.

Si le furvivant de deux conjoints peut, en vertu de la Coutume de Malines, prétendre l'ufufruit des biens fidéicommiffés en faveur des parens du défunt?

LE Sr. Antoine Dupin prétendoit l'ufufruit des biens procédans de Me. Jean Croxie, premier mari de fa femme, en vertu de la Coutume, & foutenoit qu'il n'y étoit pas dérogé par un fidéicommis, dont voici la claufe : „ *je* „ *défend l'aliénation de mes biens, & veut qu'ils demeurent en* „ *ma ligne, & l'un des defcendans étant décédé, qu'ils retour-* „ *nent* IN INTEGRUM *à leurs enfans & defcendans* „ : il fondoit fon fyftéme fur la doctrine de Peckius, *lib. 1, de teftam. conjug. cap. 6, n. 3 ; qualicumque formá*, dit cet Auteur, *parentes fideicommiffum faciant, ufusfruchus ex confuetudine loci, conjugi fuperftiti debitus, hâc ratione in dubio non cenfetur excludi.* Le même Peckius, *ad regulas, in tot. 80, de reg. juris in 60*, dit : *in terminis ftatuti Lovanienfis, fuperftiti conjugi ufumfruchum locum habiturum etiamfi bona reftitutioni ex fideicommiffo fint obnoxia, alioquin, inquit, puellæ quarum bona fideicommiffo funt fubdita, non facile reperirent maritos, ut pote quarum morte, nullum emolumentum fperare poffent mariti.* L'opinion contraire a cependant prévalu d'une voix unanime par Arrêt du 4 Mars 1617, vu la teneur de ladite difpofition; & parce qu'autrement la femme dudit Dupin auroit eu autant

M

de jouiffance que les enfans & defcendans du Teftateur, puifqu'en effet ils n'étoient que viagers : on a encore confidéré que l'ufufruit même étoit compris dans le fidéicommis ordonné par le Teftateur , *L. ult. cod. de rebus alienandis.*

Voyez l'Arrêt fuivant.

FIDEICOMMIS.

Si les biens liés de fidéicommis qu'ont poffédés les conjoints, font compris dans la dévolution, qui, fuivant la Coutume de Malines, s'opére au profit des enfans, lorfque le lit eft rompu.

M^E ALBERT BAUWINS avoit ordonné par fon teftament que fes biens , après le décès de fes enfans, retourneroient à leurs enfans , *& fic deinceps;* (*) Françoife Bauwins, fa petite fille, s'étoit marié en premières nôces avec Me. Jean Croxie, & en fecondes nôces avec Antoine Dupin : elle avoit eu un fils de fon premier mari, qui prétendoit la moitié des biens fitués à Malines, comme à lui dévolus en vertu de la Coutume par le trépas de fon père ; la mère difoit qu'il n'y avoit pas de dévolution, attendu le fidéicommis par lequel le Teftateur y avoit dérogé, en déclarant que fon intention étoit de bénéficier tous les enfans de fes enfans également ; elle obfervoit que le contraire feroit arrivé fi le fils du premier lit avoit eu feul la moitié defdits biens , pendant que cinq à fix autres du fecond lit n'auroient eu que l'autre moitié entr'eux tous. Par Arrêt du 4 Mars 1617, il

---

(*) *Voyez* l'Arrêt précédent.

a été jugé que la dévolution n'avoit pas lieu dans ce cas, parce que la volonté de l'homme devoit l'emporter fur la préfomp-tion de la Coutume.

FIDEICOMMIS.

Si un fidéicommis contractuel tranfmet les biens grévés aux enfans du fubftitué, quand celui-ci meurt avant l'événe-ment de la condition?

DAME Jeanne de Gros, veuve de Meffire Thomas de Plaine, vivant Préfident au Parlement de Dole, avoit fait le 5 Mai 1630, avec Hubert de Plaine fon fils, comme Adminiftrateur des perfonnes & biens de Gérard & Claude fes enfans, un acte par lequel elle lui avoit cédé les Terres de Berlaert & autres, fituées en Brabant, venant de fon chef, & qu'elle avoit grévé de fidéicommis, par fon teftament fait le 16 Juillet 1629, en échange des Terres de Maigny, St. Jean de Locheu, & autres fituées dans le Duché de Bour-gogne, avec cette claufe, ,, *bien entendu que fi ledit Gérard* ,, *va de vie à trépas fans hoirs defcendans, Claude fon frère,* ,, *feul & pour le tout lui fuccédera en ce préfent échange :* ,, Claude étant mort avant Gérard, il a été queftion entre le Baron de Richecourt & confors, héritiers dudit Claude, & Dame Jeanne de Bonnans, veuve de Gérard de Plaine, & puis du Baron de Confinguant, de favoir, fi par le trépas de Claude avant celui de Gérard, le fidéicommis n'étoit pas devenu caduc, comme n'ayant été fait aucune mention de fes enfans : la Cour a décidé que le fidéicommis n'étoit ni éteint ni devenu caduc, *quia non eſt generale, fidéicommiſſum ; morte ſubſtituti, ante eventum conditionis evaneſcere, nec ad hæredes tranſire, ſed id temperandum eſt ex conjecturis ;* on a penſé que dans l'eſpèce de cette cauſe, il y avoit diverſes préſomptions qui établiſſoient, que la Dame veuve de M. de Plaine n'avoit pas voulu borner le fidéicommis à la perſonne de Claude, parce qu'elle n'avoit fait cet échange que pour accommoder ſes enfans, entre leſquels elle avoit déjà établi un fidéicommis, par ſon teſtament, ainſi qu'entre ſes petits-enfans de différentes générations.

On a dit encore que ladite Dame s'étant occupée des moyens de maintenir ſes biens dans ſa famille par différentes diſpoſitions, on ne devoit pas croire qu'elle eut voulu reſtreindre le fidéicommis en la perſonne de Claude : on conſidéra de plus, que ce fidéicommis avoit été établi par la mort du Fidéicommiſſaire, & tranſmis à ſes enfans. Ainſi jugé le 6 Avril 1621., *ex §. ex conditionali, inſtit. de verb. oblig.*

FIDEICOMMIS.

Si la clauſe de ſuivre côte & ligne, *emporte fidéicommis ?*
Et ſi le mot item, *dont le grévant ſe ſeroit ſervi dans*
une deuxième clauſe , emporte répétition du fidéicommis
ordonné par la clauſe précédente ?

LE 31 Mai 1623, il fut jugé au Procès de Meſſire Charles
Lalain, Comte de Hooſtraden, & de Dame Marie-
Chriſtopline d'Egmont, Princeſſe de Mansfelde, que ces
termes : *tels biens tiendront côte & ligne,* n'emportent pas
fidéicommis ; c'eſt le ſentiment de Peckius, *de teſtam. conjug.*
lib. 1ᵉ, cap. 6, n. 2, où il dit : *hujuſmodi clauſulam tantum ad*
hoc valere , ut vel marito poteſtatem adimat dotalium alienan-
dorum , forte à conſuetudine permiſſam , vel ut denotet ordinem
ſuccedendi ab inteſtato.

Cette queſtion a encore été jugée de même le 18 Mai
1619 : mais s'il étoit diſpoſé que le bien *ſuivroit côte & ligne*
à toujours, cette clauſe emporteroit fidéicommis.

Sur la queſtion de ſavoir ſi le mot *item,* mis dans une
autre clauſe, emporte répétition du fidéicommis ou non ?
Pereg. dit que ce mot indique la continuation du diſcours,
& non la répétition de la phraſe précédente ; *traĉt. de fideic.*
art. 16, n. 11 & 13. Mantica, ſoutient le contraire, *de*
conjeĉt. ult. vol. lib. 10 , tit. 6, n. 12 & 13. Voyez la diſ-
tinĉtion que fait Jacob. Defranchis, *in præludiis feudorum,*
quæſt. 8.

FIDEICOMMIS.

Si un bien échangé avec celui lié de fidéicommis, doit étre tenu pour fidéicommiffé?

ON a jugé pour l'affirmative le 6 Avril 1621, *quia fubrogatum fapit naturam fubrogati, & fic doctores aiunt, fi quis permutet fundum patrimonialem, cum alio, haud dubio hic fundus cenfebitur patrimonialis & id nemo negabit,* dit Tiraq. *de retract. lig.* §. 32, *glof.* 1, *n.* 26. Telle eft la décifion de la Loi, *fi donare,* §. 1. *ff. de donat. inter virum & uxor. & L. filia, ff. de condit. & demonft.* §. *finali.*

Voyez ci-après fous le mot *Subftitution.*

FIEF.

Si le Curateur d'un insensé, qui a acquis un fief avec les deniers de l'interdit, peut, après son trépas, hériter ce fief par préciput, comme ainé ?

LE 24 Décembre 1691, il a été jugé qu'un tel fief devoit se partager en nature entre les héritiers paternels & maternels, s'il étoit partageable, ou par l'estimation, s'il ne l'étoit pas, sans avoir égard à la Coutume où il étoit situé, parce qu'un tel Curateur administre plutôt au nom des cohéritiers apparens qu'en celui de l'insensé, qui est regardé comme mort ou absent, & que par conséquent il ne pouvoit rien faire, par où l'un seroit plus avantagé que l'autre ; *ea enim cura nihil, nisi custodia est, & quasi successionis intestatæ præmatura, quamvis licita, occupatio,* Ant. Faber. *ad cod. lib.* 5, *tit.* 40, *defin.* 1.

FIEF.

Si le donateur d'un fief, après avoir ordonné qu'il soit vendu,
& s'être déshérité au profit de celui qui en sera l'acheteur,
vient à mourir avant la vente faite, & l'adhéritance prise
par l'acheteur, l'héritier est exclut de son droit ab inteftat ?

PIERRE COTREL, novice à l'Abbaye de Cyfoing, avant
de faire profeffion, avoit donné par acte du 19 Juin 1628,
le fief des Hôtels, fitué à Rume, à Catherine Monart fa mère,
avec pouvoir à . . . . . de s'en déshériter en fon nom, con-
fentant même que l'adhéritement en ait été donné à l'acheteur,
pour le prix être remis à fadite mère : il avoit fait profeffion
avant la déshéritance faite, ou du moins avant l'adhéritement
donné : Anne Cotrel, fa fœur, prétendit ledit fief *ab inteftat*,
comme n'ayant été fait aucune déshéritance fuffifante, puifqu'elle n'avoit été faite que pour adhériter celui qui feroit
déclaré acheteur, ce qui n'avoit point été exécuté, n'en
ayant été déclaré aucun, & n'y ayant même eu aucun prix
fait avant la profeffion du Religieux donateur ; d'où elle
inféroit que tout étoit demeuré en termes de fimples pro-
pofitions.

M. D U F I E F ne rapporte point la décifion de cette Caufe,
pour laquelle il renvoie à l'un de fes Recueils de Pratique.

FIEF.

FIEF.

Si l'on doit suivre la Coutume du fief servant, ou celle du fief dominant, pour les droits dûs au Seigneur par le vassal, lorsque le fief dominant & le fief servant sont situés en différentes Provinces?

LE 6 Février 1618, il fut jugé qu'on devoit suivre la Coutume du fief servant, (quoique quelques-uns aient soutenu qu'il valoit mieux suivre la Coutume du fief dominant, parce que le Seigneur en donnant une terre en fief, étoit présumé la donner selon l'usage & Coutume de sa Seigneurie, & ne pas vouloir s'astreindre à la Coutume du lieu,) & cela, par la commune opinion qu'il faut suivre la Coutume du fief servant, non seulement en successions & partages, mais aussi pour les droits Seigneuriaux; Molin. *ad conf. Parif.* §. 22. *q.* 20, *n. 86*, cite diverses autorités.

N

FIEF.

Si la fille maisnée peut, à défaut de mâle, tiercer les fiefs contre sa sœur ainée?

CETTE question s'est présentée à juger dans la Coutume du Bourg de Bruges, qui dispose que » le fils maisné » peut prendre le tiers des fiefs contre son aîné si bon lui » semble, » sans ajouter qu'à défaut de mâle, le même droit appartient aux femelles. Par Arrêt du 7 Juillet 1618, il a été jugé que le même droit appartenoit à la fille maisnée contre sa sœur ainée : c'est le sentiment de plusieurs Jurisconsultes cités par Tiraq. *de retractu* 8, *glos.* 3, *n.* 179, *& seq. regula est*, disent-ils , *masculinum concipere fœmininum.*

FIEF.

*Si les fiefs donnés par le père à la fille unique, lui retour-
nent, ou succèdent en ligne collatérale, au cas qu'elle
vint à mourir avant lui, sans laisser d'enfans ?*

CET Arrêt est rapporté par Mr. CUVELIER, lettre F.
verb. *Fiefs ne remontent en succession.*

La question a été décidée en faveur de l'héritier collatéral,
pour la Terre & Baronnie de Mortagne, dans le Tournesis,
par Arrêt du 18 Mai 1622, confirmé en révision le 19
Juillet 1625.

FIEF.

Si dans le Bailliage du Tournesis & en la Châtellenie de Lille, la veuve est viagère d'un fief, acquis durant sa conjonction avec son mari, qui en seroit adhérité ?

ANTOINE DE VILLERS, Brasseur , avoit acquis durant sa conjonction avec Gillette Brienne, deux fiefs ; l'un d'un Bonnier, situé dans la Châtellenie de Lille, & l'autre de trois Bonniers , situé dans le Tournesis. Après sa mort, sa veuve avoit joui de la totalité de ces deux fiefs pendant quelques années, jusqu'à ce que Michel de Villers son fils , étant venu à se marier, il lui demanda la moitié des fruits par elle perçus, du fief situé dans le Tournesis, depuis son mariage : alléguant que suivant la Coutume dudit Tournesis, article 12 , la veuve n'avoit droit en pareil cas que de la moitié du viage : elle lui répondit que le survivant ayant la jouissance entière des cotteries acquises, il en devoit être de même des fiefs acquis, puisque l'un & l'autre représentoient un argent qu'on auroit pu laisser en caisse , & dont elle auroit eu infailliblement la jouissance : elle opposa la maxime *subrogatum sapit naturam subrogati* , & ajouta qu'en adoptant l'opinion contraire , on donneroit ouverture aux maris de frauder leurs femmes en achetant seulement des fiefs. Cette question ayant été examinée, la Cour ordonna d'ouir les Praticiens de Tournai par turbes, d'où il est résulté que suivant l'usage observé dans le Bailliage de Tournai, une veuve ayant enfans ne pouvoit prétendre d'autres droits dans les fiefs acquis par son mari, & dont il auroit été adhérité, que la jouiſſance de la moitié ſa vie durante ; il a été jugé ainſi par Arrêt du 23 Mars 1611.

Quant au fief ſitué dans la Châtellenie de Lille, comme il falloit une appréhenſion judiciaire pour que la veuve ait pu en jouir, ſuivant l'article 3, tit. *du droit de douaire,* elle fut par le même Arrêt privée de la jouiſſance dudit fief, & obligée de reſtituer les fruits.

FISC.

Si le fiſc peut agir criminellement pour injures, lorſque l'injurié déclare qu'il ne veut faire aucune pourſuite?

LE Commandeur de Pitſembourg ayant été traité de tyran, larron, &c. par Charles de Bruxelles, il préſenta Requête au grand-Conſeil, afin qu'il fut ordonné au Procureur-Général d'agir contre ledit de Bruxelles, déclarant qu'il ne vouloit perſonnellement intenter aucun Procès contre lui : par Arrêt du 15 Mai 1618, il fut ordonné au Procureur-Général de faire les devoirs de ſon Office, vu ſa qualité de Commandeur, & par conſéquent de Religieux : *injuria illata Clerico vel Magiſtratui, punitur ut publicum crimen, etiam Clerico vel Magiſtratu non proſequente, imò expreſsè remittente injuriam ;* Everardus, *in loc. de tamquam, &c. verſ. facit :* ce Juriſconſulte ajoute cependant, *quod ceſſante dictâ qualitate Clericatûs vel Magiſtratûs, injuria dicitur crimen privatum.*

FONDATEUR.

*Si le Prince, fondateur de quelques Eglifes, peut connoître
par fes Juges des actions perfonnelles intentées par les
Bénéficiers, à caufe des biens ou charges procédant de la
fondation, ou fi la connoiffance en appartient au Juge
d'Eglife?*

MRS Jacques Horrion & Barthélemi de Grace, Chanoines de l'Eglife de Saint Aubin à Namur, ayant
célébré la grand'Meffe pendant plufieurs années, fans être
payés de la rétribution fixée pour cela, qui étoit de fix
muids d'épeautres par an, ils préfentèrent Requête au
Cónfeil-Privé contre le Chapitre dudit Saint Aubin; cette
Requête fut renvoyée au Confeil de Namur, pardevant lequel
le Chapitre propofa fon déclinatoire, mais on n'eut aucun
égard à leur exception : ce qui fut confirmé par la Cour de
Malines le 2 Mai 1626, parce qu'il eft jufte que le Prince
ou fon Confeil foit juge des droits & actions de l'Eglife par
lui fondée, ayant intérêt de les maintenir en qualité de Fondateur & Patron ; cependant un Fondateur non Souverain
n'auroit pas le même droit, ainfi que l'a décidé le Concile
de Tolede : » *noverint conditores Bafilicarum in rebus quas*
» *eifdem Ecclefiis conferunt, nullam fe poteftatem habere, fed*
» *juxtà Canonum inftituta, ficut Ecclefiam ita & dotem ejus*
» *ad ordinationem Epifcopi pertinere,* Con. 10, 4, 1, *cap.*
» *piæ mentis 1647.*

C'eft ainfi que, quoique la collation de tous Bénéfices vacans par le trépas des Bénéficiers arrivé au-delà les monts,

appartienne au Pape, il ne peut cependant toucher aux bénéfices du patronat du Prince, comme il eſt arrivé quand le
fils du Prince d'Aremberghe, Prévôt de Sainte Vaudru à
Mons en Hainaut, mourut à Rome; le Pape avoit conféré
cette Prévôté au fils de Mr. Moes, Préſident de la Chambre
des Comptes à Lille, & lors Agent de l'Archiduc à Rome;
l'Archiduc ne voulut pas l'admettre, & conféra la même
Prévôté au Baron de Baſſenghien, qui en a joui en conſéquence.

FORMALITÉ.

Voyez ci-devant ſous les mots *Aliénation, Arrêt, Biens
vendus par Juſtice, Edit perpétuel.*

FRUITS.

Voyez les Arrêts rapportés ſous les mots *Diviſion des
fruits, Eſtimation des fruits.*

GARDE-NOBLE.

Si la Garde-noble ceſſe quand le ſurvivant ſe remarie ?

IL fut jugé au Conſeil-Privé le 2 Août 1617, que la Garde-noble ceſſe du jour où le ſurvivant ſe remarie : il fut ordonné en conſéquence au père qui ſe remarioit de rendre compte de ſon adminiſtration. Voyez Chenu, *ſur la Garde-noble.*

GENTILHOMME.

Si celui d'ancienne nobleſſe doit être traité de Meſſire ſans être Chevalier ?

IL a été jugé au Conſeil-Privé le 14 Juin 1646, que le titre de Meſſire ne pouvoit s'accorder pour quelque ancienne nobleſſe que l'on puiſſe avoir, & qu'il n'appartenoit qu'aux Chevaliers; la cauſe étoit contre Philippes de Harzelle, qui prouvoit ſix cens ans de nobleſſe, & avoit été traité de Meſſire depuis cent ans par les Conſeils de Namur, de Flandres & autres.

HÉRITIER.

HÉRITIER.

Si les héritiers légaux d'une personne chargée de fidéicommis universel, peuvent, après la restitution faite des biens substitués, répéter les sommes dues au grévé par le Testateur, & les dettes par lui payées à son acquit?

L E Sr. Hiéronimo Despardo laissa par testament ses biens à Dame Isabeau de Villegas, veuve du Sr. Diego Despardo, sa mère, avec cette clause: » *après le trépas d'icelle* » *ma mère, ma volonté est que tous lesdits biens succèdent à* » *Catherine Despardo ma sœur, & à ses descendans légitimes:* » le Testateur devoit une somme d'argent à sa mère, qui avoit acquitté ses dettes pendant qu'elle jouissoit de ses biens. Après la mort de celle-ci, il y eut Procès entre ses héritiers légaux & Catherine Despardo substituée; la substituée disoit que sa mère avoit été héritière universelle, tellement que par confusion ces dettes avoient été éteintes, & que celles qu'elle avoit payées, elle les avoit payées volontairement sans aucune protestation; les héritiers légaux disoient au contraire que ladite de Villegas, ni ses héritiers, n'étoient pas obligés de rendre la succession testamentaire du Sr. Hiéronimo Despardo en meilleur état qu'elle n'avoit été au jour de son trépas, & que par conséquent les dettes auxquelles cette succession étoit assujettie, devoient être refournies aux héritiers légaux de ladite Dame de Villegas, par celle qui profitoit du fidéicommis; que si ladite Dame de Villegas avoit été héritière universelle dudit Sr. Hiéronimo, & avoit par ce moyen fait un mélange & confusion des actions, *ex L. debitori, cod. de pactis,* telle confusion

O

ne fe faifoit que *fummo jure & quoad effectum agendi*, *quia non potuit hæredi remanere jus agendi contra fe ipfum*, *L. fratres à fratre, ff. de cond. indeb.* & qu'on ne pouvoit s'arrêter en jugement à ce qu'on appelle *fummum jus, L. matrem 80, ff. ad trebell. licet enim aditione hæreditatis confufa obligatio intercedat, tamen ex æquitate fideicommiffi repetitio eft.*

Par Arrêt du 10 Avril 1623, la Cour ordonna à la fubftituée de payer la moitié des dettes acquittées par la Dame de Villegas, ou à elle dues, la déclarant non recevable ni fondée dans fes moyens réfultans de la confufion par elle prétendue.

HOMICIDE.

Si un foldat Hollandois, étant prifonnier ès prifons du Roi, tue un autre Hollandois auffi prifonnier, à qui la connoiffance du fait doit-elle appartenir ?

IL y en avoit qui prétendoient que dans le cas de cette queftion, il falloit renvoyer le foldat homicide, les fers aux pieds & aux mains (fa rançon payée) aux Hollandois, pour par eux en faire juftice, mais fon Alteffe réfolut le 16 Septembre 1631, que l'Efcoutete de Malines (lieu où l'homicide avoit été commis) pourfuivroit la punition dudit crime.

HOMICIDE.

Si les frères d'une perfonne tuée, peuvent prétendre des intéréts contre celui qui a fait l'homicide?

L E frère d'une perfonne tuée prétendoit fix mille florins pour les frais faits & à faire, en prières, aumônes, facrifices, &c. *cum parti offenfæ interfit delinquentem condemnari in damnis, L. liber homo ad leg. aquiliam;* on lui répondit que l'action en dommages & intéréts que les loix accordent en cas d'homicide, étoit fondée fur l'autorité paternelle & fur la puiffance domeftique, & que tout autre qu'un père & un maître ne pouvoit fe plaindre que pour la vindiête publique, *cujus perfecutio toti familiæ competit.* Cette caufe ayant été mife en arbitrage, M. DU FIEF a décidé par Sentence du 18 Mars 1639, que le défendeur devoit, à caufe dudit homicide, payer au Demandeur deux mille florins, à employer en fondation de Meffes & Obits pour l'ame du défunt, & pour les frais occafionés par la bleffure & par le trépas, ainfi que pour ceux du Procès; Leffius, *de jure & juftitiá, lib. 2, cap. 9, dub. 26;* idem, *dub. 25, eod.*

HUISSIER.

Si l'Huissier du Juge supérieur, qui est insulté en exécutant sa commission, peut être sujet à la justice du Juge inférieur, ou si le Juge supérieur peut seul prendre connoissance du fait?

LE . . . . 1625, il fut jugé, les Chambres assemblées, que c'étoit au Juge supérieur à connoître de l'outrage fait à son Huissier: c'est ainsi que pense Boerius, *decis. 91, n. 14*, où il dit : *Judicis superioris esse, punire officiarium in inferiori jurisdictione delinquentem, quantum ad officium; & idem, esse dicendum de injuriâ & excessu eidem servienti factâ, suum officium exercenti.*

HUISSIER.

Si l'on doit croire un Huiffier qui déclare d'avoir été battu, ou autrement outragé ?

L'ON doute fi l'on doit croire un Huiffier fur fon fimple dire d'avoir été battu ; Guido Papa, *decif. 628*, dit que non ; Peckius, au contraire, *de jure fiftendi, cap. 82, n. 4,* dit qu'oui : *quod dicta denuntiatio in belgio ex confuetudine fidem faciat.* Le grand-Confeil s'eft conformé à ce dernier fentiment, par Arrêt du 20 Février 1616, dans la caufe de Charles Dalve, gentilhomme, qui fur la relation de l'Huiffier Bracheleman, fut condamné en l'amende de trois cens florins, pour l'avoir injurié de paroles atroces : on penfa qu'un Huiffier devoit être cru en pareil cas, pour peu qu'il y ait de preuve en fa faveur.

IMMIXTION.

Comment doivent s'entendre les Coutumes qui disposent ;
que la veuve est immiscée aux dettes, par l'appréhen-
sion ou recélement de la moindre chose, ou par
l'appréhension faite après la renonciation aux biens &
dettes de son mari ?

CET Arrêt en date du mois de Janvier 1618, est rapporté par M. CUVELIER, Lettre V. *verbo, Veuve*
recélante, &c. Il fut aussi jugé par le même Arrêt, que pour
l'appréhension faite de quelques meubles après sa renonciation,
une veuve ne pouvoit être immiscée, *quia potius videtur*
furtum, quam animus se immiscendi, post contrariam decla-
rationem factam ; Argent. *ad cons. Brit. tit.* des Mariages,
art. 414, *glos.* 3 , *n.* 3.

IMPÔTS.

Ordonnances du Conseil-Privé, concernant le ferment pur-
gatif en matière de fraude aux Impôts.

IL y a plusieurs Réglemens portés en Flandres sur l'article
des impôts; on donnera ici quelques extraits de ceux
qui sont les plus importans.

Du 19 Décembre 1614.

ARTICLE XXII.

» Et s'il advenoit que par mauvaise fortune lesdits vins
» venoient à courir dehors, ou se gâter, en tel cas sera
» tenu le Marchand ou Facteur d'avertir incontinent le
» Fermier ou son Commis, & ledit coulage ou dégât vérifier
» & déclarer par serment, qu'il n'y a entrevenu aucune
» fraude ou malice, & ce fait se devra faire par le Fermier
» ou son Commis, pour à l'advenant récompenser le Mar-
» chand ou Facteur.

Du 2 Avril 1622.

ARTICLE VII.

» Toutefois aussi avant qu'il touche à des personnes par-
» ticulières qui brassent pour leur ménage, leur serment
» suffira sans autre recherche, à la réception duquel serment
» les Fermiers font autorisés par cette, & seront aussi iceux
» particuliers obligés, avant que mettre le feu, en avertir
» le Fermier ou leurs Commis, à peine de l'amende de
» vingt-cinq florins.

ARTICLE X.

» En outre, les Brasseurs, ou quelqu'un de leurs Maisons,
» seront tenus de tenir livre & compte pertinent de la livraison
» de leurs Bières, comptant la qualité, prix & quantité
» d'icelle : *Item*, à qui, à quel jour & place elle aura été
» délivrée, affirmant le tout par serment en étant requis par
» les Fermiers, à peine, si avant qu'ils soient trouvés en
» faute, d'encourir par chacune fois l'amende de trente florins.

Ordonnance pour l'Artois, du 31 Juillet 1601.

» Avons ordonné & ordonnons que par provision, les
» Brasseurs, Taverniers, Hôteliers, & autres redevables audit
» Impôt, seront tenus au jour servant, faire les renseignemens
» requis, & procéder sommairement sur la suffisance d'iceux,
» même à la délibération des Fermiers, eux purgés par
» serment, qui sera décisoire, & dont lesdits Fermiers seront
» tenus eux contenter de la quantité jurée & confessée par
» l'affirmation desdits redevables, sans les admettre à ulté-
» rieure preuve & recherche pour les faire calenger d'amende,
» pour recélement ou autrement, &c.

Autre Ordonnance du 11 Octobre 1645.

» Vu l'avis, ce que le Suppliant (Nazare de Gouy, Huis-
» sier) requiert ne se peut accorder, les Fermiers entiers,
» en cas de difficulté, faire ajourner les refusans de payer
» les Impôts y mentionnés pardevant les Juges ordinaires,
» qui pourront ordonner sur l'expurgation par serment re-
» quise, selon qu'en Justice ils trouveront les cas à ce dis-
» posés, les qualités des personnes, & autres circonstances
» considérées.

IMPÔTS.

IMPÔTS.

Si la Bulle in Cœnâ Domini , *touchant les impôts, est observée dans les Pays-Bas ?*

PAR Arrêt du 11 Juin 1613 , rapporté par M. CUVE-LIER, Lettre T , verbo *Tailles, Subsides & Aides , &c.* il a été décidé que la Bulle *in Cœna Domini* n'étoit pas observée dans les Pays–Bas.

INJURE.

Voyez ci-devant l'Arrêt rapporté sous le mot *Démenti.*

INSTANCE.

Voyez ci-après sous le mot *Péremption d'instance.*

JUGE.

Si un étranger, qui en pourſuivant un Procès en la Cour
de Malines, a contraƈté des dettes en cette Ville, peut
être traité en première inſtance en la Cour même après
ſon départ ?

PAR Arrêt du 18 Juillet 1616, il a été décidé qu'un
étranger qui avoit contraƈté des dettes à Malines, en
y ſollicitant un Procès, devoit être traité en première inſtance en la Cour, ſelon l'uſage & divers Arrêts qu'on a
cité; parce qu'il auroit été trop dur pour les habitans qui
auroient fait crédit à ceux qui ſollicitent leurs Procès, dans
l'eſpoir d'un prompt paiement, d'être contraints à faire des
pourſuites dans les pays étrangers : *hujus deciſionis extat*
exemplum, in L. 2, ff. de judiciis, §. legatis & §. omnes, L.
cum quem , ff. de conſt. ita Peckius.

JUGE.

*Celui qui déclare son avis à l'une des parties ou à tout autre,
avant le temps, se rend suspect & recusable.*

PAR Arrêt du 16 Mars 1626, un Juge fut récusé pour
avoir déclaré son avis : la raison est, que les bons Juges
ne peuvent prendre aucun parti sans avoir entendus les voix
& opinions de tous les autres, auxquelles ils doivent se conformer, s'ils les trouvent plus raisonnables que la leur.

JUGE.

*Compétence du Juge laïque relativement à une Sentence
du Juge Ecclésiastique.*

LE Juge Laïque peut connoître de la nullité de la Sentence du Juge d'Eglise, quand il s'agit de l'exécution
d'icelle, *quandoquidem etiam executor cognoscat de nullitate
allegatâ.* Ainsi jugé par le Conseil Souverain de Malines,
le . . . .

JUGE.

Quelle opinion doit prévaloir, en cas de partage , dans les caufes au poffeffoire ?

L'Evêque de Tournai ayant demandé des Lettres de maintenue contre l'Abbé de St. Amand , touchant l'exécution par lui prétendue de fa Jurifdiction ordinaire ; le grand-Confeil de Malines écrivit au Confeil de Flandres de lui envoyer fon avis, avant de prendre aucun parti fur cette demande : il arriva que les Juges furent partagés en opinion, cinq contre cinq, fur la queftion de favoir fi on devoit accorder audit Evêque la récréance qu'il demandoit dans la circonftance qu'on conteftoit, qui étoit Demandeur, & qui étoit Défendeur. Le 24 Décembre 1643, il fut jugé que l'opinion de ceux qui adjugeoient la récréance à l'Evêque feroit fuivie, fans s'arrêter au nombre des voix, parce que l'Evêque avoit pour lui le Droit commun, en ce que la Jurifdiction ordinaire lui appartient de droit, à moins qu'on faffe confter du contraire.

JUSTICE.

Si le Roi ou ses vassaux sont obligés de faire justice à leurs dépens, contre les criminels qui sont en état de payer ?

MARIE VERHULST, ayant empoisonné son mari, nommé N. Schellewert, elle fut arrêtée, condamnée & exécutée, & ses Biens furent confisqués : mais ayant été jugé par Arrêt du . . . Octobre 1623, qu'en la Ville de Malines, où le crime avoit été commis, & en laquelle les conjoints étoient domiciliés, la confiscation n'avoit lieu que pour la moitié des Biens, excepté en certains cas exprimés dans les Lettres du bon Duc PHILIPPE, de 1449, du nombre desquels n'étoit pas celui en question, la confiscation prononcée a été bornée à la moitié de ses Biens.

Cette décision donna lieu à la question de savoir, si les dépens devoient être pris sur la moitié du Prince ou sur celle des héritiers; malgré ce qu'alléguoient les héritiers, enfans de la condamnée, il fut jugé le . . . Octobre 1623, que les dépens se prendroient sur la moitié desdits enfans, suivant l'usage anciennement observé.

LEGS.

Si on doit payer aux Main-mortes, l'estimation d'un im-
meuble qui leur a été légué?

LEssius propose cette question dans ses résolutions sur
les Cas de conscience, ouvrage posthume, verb. *Bona*
Ecclesiæ. Titius cuidam loco Religioso donatione inter vivos
contulit quædam immobilia, ad ea vel perpetuo possidenda, vel
vendenda, quam donationem testamento confirmavit. Quæritur
utrum hæres ipsius prætextu PRIVILEGII LÆTI INTROI-
TUS (c'est la Loi de la joyeuse entrée qui défend aux Main-
mortes d'acquérir des immeubles,) *& similibus possit in con-*
scientiâ bona denegare illi loco, non solum dicta bona, sed
etiam illorum estimationem : voici sa réponse, *hanc sine pec-*
cato & gravi injuriâ non posse denegare, quia mens illius
constitutionis, non est irritas reddere hujusmodi donationes,
nisi quatenùs per ea transferantur immobilia in manus mortuas,
ut ea ab illis possideantur, & retineantur, ut ex verbis, & sine
patet, unde si donentur alternativè, ad alterum ipsorum poterit
à pio loco sic acceptari, & eo modo quo optimè potest, & ita
censendus est acceptasse; item, quia hæc constitutio videtur
valdè dura, & repugnans juri Ecclesiæ & multis Conciliis œcu-
menicis, ut Concilio magno Lateranensi sub Innocentio III,
cap. 44, *Concilio Constantiensi in art.* de Ecclesiasticâ liber--
tate ; *Concilio Lateranensi sub Leone X. sess.* 10, *& Concilio*
Tridentino, sess. 25, de reformatione, *cap.* 20, *cum, inquam,*
videatur manifeste repugnans his Conciliis libertatique Eccle-
siæ, ea interpretatio adhibenda est quæ illam constitutionem mi-

tiget. LESSIUS, appuie encore cette opinion par plusieurs autres motifs.

Voyez les deux Arrêts suivans.

LEGS.

Un fils héritier de sa mère, n'est pas obligé d'exécuter les legs qu'elle a ordonné, contre la teneur des Loix prohibitives.

LA Dame Jeanne de Tourcoing, donna aux Jésuites, pour fondation du Noviciat de Tournai, plusieurs parties de Terres, & une Rente féodale de cinq cens florins par an, due en Brabant & en Hollande, » *pour par eux en* » *jouir héréditairement & à toujours, ou bien la vendre, char-* » *ger, ou aliéner, recevoir les deniers en procédans, & les* » *employer :* » les héritiers ont argué cette donation, du chef qu'il étoit défendu de faire passer ses immeubles aux main-mortes, à peine de nullité, tant par la Caroline de l'an 1520, dans laquelle on y lit cette clause : *decreti irritantis ;* que par la Loi de la joyeuse entrée.

Les Jésuites ont allégué, que quoique la donation à eux faite ne pouvoit pas subsister, à la vue de ladite Caroline & de la Loi de la joyeuse entrée, leurs parties adverses n'étoient pas moins obligées de l'entretenir, comme héritiers de la Donatrice : *cum hæres debeat præstare factum defuncti,* L. *cum à matre, cod. de rei vend.* & suivant plusieurs autres Loix qu'ils ont allégués ; cependant, par Arrêt du 13 Novembre 1618, ladite donation fut déclarée nulle, en exécu-

tion de la clause *decreti irritantis*, insérée dans ladite Caroline ; on a pensé qu'il n'étoit pas vrai *quod hæres , teneatur
præstare factum defuncti, quando factum defuncti est contra
legem prohibitivam sicuti est Carolinâ , nec in hoc casu vigent
leges disponentes hæredem debere præstare factum defuncti , cum
in hoc casu defunctus , si viveret , non obligaretur , ergo neque
ejus hæres , imò nec obligari in foro conscientiæ tradit* Peckius ,
de amortis. bonorum , cap. 8.

LEGS OU DONATION.

Si une donation faite à gens de Main-morte , de Biens
immeubles, pour par eux en jouir héréditairement & à
toujours, ou bien les vendre, charger, ou aliéner, &
en recevoir les deniers avec procuration donnée pour
déshériter la Donatrice, ou les ayans cause des Donataires , *est valable quant au pouvoir de par eux vendre
lesdits Biens , ou en avoir l'estimation ?*

D ANS l'espèce de la cause précédente, on agita la question de savoir , si lorsque les légataires sont inhabiles
à posséder la chose léguée, on doit leur en payer la valeur;
Menoch. *lib. 4 , præsump. cap. 120*, & quelqu'autres par lui
cités, disent : que quand l'obstacle provient de la qualité
du Bien légué, l'estimation en est due: d'autres, entre lesquels est Raphaël Connanus, disent le contraire, *nequidem
deberi æstimationem, quia cum lex prohibet, ut in casu nostro,
lex læti introitûs & Carolina continent clausulam decreti
irritantis, actus contrarius est ipso jure nullus ;* Peckius , *de
amortisatione*

amortifatione bonorum , cap. 9 & 10 , traite cette queſtion à fonds, & penſe de même : on doit cependant convenir que l'opinion favorable aux Main-mortes eſt la plus fuivie. Par Arrêt du . . . Novembre 1618, il a été réſolu de conſulter le Prince , & de prendre d'autres éclairciſſemens avant de réſoudre une queſtion de telle conſéquence. Depuis il a été décidé d'adjuger l'eſtimation aux Jéſuites, & d'en faire part au Prince avant de prononcer ; les raiſons de l'Arrêt étoient , que dans le cas dont il s'agiſſoit, les Jéſuites étoient chargés de legs au profit de tierces perſonnes ; d'où Alexandre, *conſ. 9 , lib. 2 ,* conclut : *ſimile legatum quoquomodo deberi , quia teſtatorem voluiſſe omnino præſtari patet, gravando dictum legatarium , aliquid alteri dare , quomodo ergo veriſimile fuiſſet teſtatori , quod legatarius adimpleret gravamen ſibi injunctum, ſi commodum legati non haberet :* on conſidéra encore que la Teſtatrice *non nudè aut ſimpliciter legaverat dicta immobilia , ſed cum hâc adjectione ,* » pour en jouir par leſdits de la Société, à » l'effet de ladite fondation, de cejourd'hui en avant , per- » pétuellement, héréditairement, & à toujours, ou bien s'ils » le trouve plus expédient, pour par eux ou par leurs commis, » les vendre, charger, ou aliéner, recevoir les deniers en » procédans, afin de les employer ſi bon leur ſemble ; » enforte qu'elle a exprimé le cas de la vente deſdits Biens pour leur en donner le prix, ainſi que les déshéritances & adhéritances au profit de la Société, ou de leurs ayans cauſe : Wameſ. *conſ. can.* 459 , *n.* 7 & 8, dit auſſi, *talia legata eſſe valida ad effectum vendendi & pretii recipiendi , quia licet Carolina vetet acquiſitionem immobilium à manu mortuâ fieri , non tamen vult inutilia eſſe legata quæ ſic fiunt, ut vendantur , ne impingant in dictam prohibitionem , imò videtur eſſe prudens*

Q

testatoris consilium, *qui eo pacto voluntatem suam legis præf-
cripto accommodat :* on citoit outre cela un Arrêt de la
Chancellerie de Brabant, donné *in terminis Carolinæ*, par
lequel il avoit été jugé que l'estimation de l'immeuble donné
étoit due en pareil cas : un autre du Conseil de Malines du
24 Février 1545, qui ordonnoit la même chose ; & encore
un autre Arrêt de cette Cour, du 16 Juillet 1541, qui ordonnoit aussi que les Biens légués à l'Hôpital de St. Pierre,
à Amsterdam, seroient vendus, & le prix donné audit
Hôpital ; & à l'égard des Jésuites, on citoit en outre une
Déclaration particulière adressée par le Conseil-Privé, au
Conseil d'Artois, le 3 Novembre 1590, sur un testament
fait par Antoine Carré, Chanoine de Cambray, contenant
quelques legs de fiefs au profit des Jésuites de Douay :
cette Déclaration contenoit, que les Jésuites ne sont point
incapables de succéder aux immeubles, pourvû qu'ils ne
les conservent pas, & qu'ils les cédent & transportent à
autrui.

LEGS.

Si un immeuble légué à une Main-morte peut être vendu, & le prix employé à son profit, quand le Testateur a défendu de le vendre?

M^E JEAN COUSIN, Chanoine de Tournai, avoit donné par son testament plusieurs Biens, situés sous l'Echevinage de Tournai, aux Minimes, à charge de ne les pouvoir vendre, charger, ou aliéner : les Minimes n'ayant pu obtenir des Lettres d'Amortissemens pour posséder lesdits Biens, eurent recours au Prince Cardinal, pour obtenir au moins de pouvoir les vendre; son Altesse leur répondit par Lettres, données à Bruxelles le 29 Décembre 1628, que son intention n'étoit pas » que les Supplians ne puissent faire profit » des Biens ci-dessus mentionnés par la vente d'iceux, sauf » néanmoins toujours le droit d'autrui; ordonnant à tous » ceux qu'il appartiendra, de selon ce, se régler & conduire » sans difficulté. » Ils présentèrent ensuite une autre Requête à son Altesse, & exposèrent, que pour profiter de cette faveur & procéder en conséquence à la vente desdits Biens, il étoit besoin qu'ils en aient été adhérité, à effet de pouvoir transférer à l'acheteur le droit de propriété; qu'ils avoient dans cette vue présenté le testament du Sr. Cousin aux Echevins de Tournai pour y être approuvé, ce qui, suivant la Coutume de ladite Ville, vaut adhéritance au profit de celui qui y est dénommé, mais que les Echevins craignant de contrevenir aux Placards, qui défendent aux Gens de Loi d'adhériter les Main-mortes sans Lettres d'Amortiſſemens, ne vouloient pas ſe prêter à leur demande ; quoiqu'on leur ait déclaré qu'on ne demandoit cette approbation, qu'à effet de pouvoir vendre & aliéner valablement, ce qu'on offroit même d'effectuer en dedans l'an : pourquoi ils demandoient qu'il ait plu à Sa Majeſté d'autoriſer leſdits Echevins de procéder à ladite eſtimation ou approbation, aux offres par eux faites ; à quoi Sa Majeſté a répondu : *» les » Echevins de Tournai pourront approuver ledit teſtament, » à l'effet porté en l'Ordonnance de ſon Alteſſe, du 29 » Novembre 1628. Fait à Bruxelles le 30 Mai 1629.»*

L E G S·

Si les Main-mortes peuvent recevoir des legs d'immeubles à charge de les vendre, pour par elles profiter du prix à provenir de la vente ?

M^E Jean Richard, Procureur poſtulant ès Cours laïques de Tournai, & Olive Heſpel, ſa femme, par leur teſtament du 11 Février 1628, avoient donné une Maiſon aux Dominicains, à condition de l'appliquer à une Egliſe, ſi faire ſe pouvoit, ſans qu'ils l'aient pu vendre ou aliéner, à la charge de deux Meſſes par ſemaine : depuis, ladite Heſpel étant veuve, elle avoit ratifié ladite donation, par teſtament du 9 Juin 1645, avec cette clauſe : *» & ſi par la Cou- » tume du lieu, ou par quelque prohibition, défenſe, ou pla- » card, ils ne pouvoient poſſéder ladite maiſon, je veux & » ordonne qu'elle ſoit vendue à leur profit, afin que cette » mienne volonté ſoit miſe à effet, en telle manière que faire » ſe pourra, pour la décharge des Meſſes & Obit que deſſus.»*

AUTRE CAS.

MArie Deluite, veuve de Jacques Meignot, Greffier des Etats de Tournai, par teſtament du 14 Avril 1636, avoit auſſi inſtitué les Dominicains, héritiers univerſels de tous ſes Biens meubles & immeubles, avec cette clauſe : *que ſi par la Coutume, prohibition, ou Placards, ils ne pourroient être ſes héritiers, elle vouloit que ſes héritages fuſſent vendus à leur profit, afin que ſa volonté fut miſe à effet.*

Après avoir ouis les avis des Echevins de Tournai, du Bailliage de Tourneſis, & que les héritiers, ainſi que les Dominicains, eurent déduits leurs raiſons, que ceux-ci fondoient ſpécialement ſur Wameſius, *conf.* 459, *n.* 6. il a été réſolu le 21 Octobre 1647, dans les deux cauſes, que Sa Majeſté autoriſoit les Mayeur & Echevins de Tournai, où les biens immeubles donnés ou légués aux Supplians étoient ſitués, de procéder à l'approbation des diſpoſitions & legs à eux faits, & d'en faire adhériter les exécuteurs teſtamentaires ou autres qu'ils trouveroient convenir, à charge d'en vuider leurs mains, & de les vendre en dedans ſix mois, le tout ſans préjudice au droit d'autrui.

LEGS.

A qui doit-on payer un legs fait à la pauvre Ecole d'une Ville, dans laquelle il y en a plusieurs ?

UNE perfonne fit un legs à la pauvre Ecole de Bruxelles, & comme il y en a plufieurs dans cette Ville, les Maîtres de celle de la Paroiffe où demeuroit la Teftatrice, prétendoient avoir tout le legs, & citoient Menoch. *de præfumpt. lib. 4, cap. 114*, où il dit: *quando teftator fimpliciter legavit Ecclefiæ, præfumitur legaffe fuæ Parochiæ;* les Maîtres des autres pauvres Ecoles foutenoient au contraire, que l'intention de la Teftatrice n'étant pas claire, on ne pouvoit mieux faire que de divifer le legs entre toutes les pauvres Ecoles; fur quoi le Confeil-Privé, par Arrêt du 11 Décembre 1641, décida que toutes les pauvres Ecoles de la Ville devoient également avoir part à un legs de cette efpèce.

LEGS.

Si l'affignation d'un legs faite fur quelques Biens n'eft que démonftrative ?

LA Dame de Schwartembourg avoit légué à fa niéce, qui époufa le Baron de Roffe, une fomme à prendre *fur certain fief, voulant que ledit legs fut payé & tous autres par fes héritiers :* par Sentence du grand-Confeil, ledit fief fut déclaré non difponible, & la difpofition nulle.

Le Baron de Roffe fe pourvut alors contre l'héritier des rotures, qui répondit qu'il n'avoit pas le fief fur lequel le legs demandé étoit affigné, & que la défunte n'avoit voulu charger aucun autre bien ; qu'elle avoit même fait voir clairement que telle étoit fon intention, en ordonnant que l'héritier ne pourroit jouir dudit fief, qu'après avoir payé ladite fomme, & qu'à faute de paiement, la légataire pourroit en jouir jufqu'à ce que fes intentions euffent été remplies.

Le Baron de Roffe alléguoit, qu'ayant une action perfonnelle pour fe faire payer du legs en queftion, *pro legato actio perfonalis competit,* toute la queftion étoit de favoir fi l'affignat étoit limitatif ou feulement démonftratif; Loifeau, en fon Traité *du Déguerpiffement, lib. 1, cap. 8, n. 10, & feq.* Le . . . Novembre 1615, il fut jugé que cet affignat étoit taxatif, parce qu'il conftoit affez que la volonté de la défunte avoit été de charger feulement ledit fief, & fuivant ce l'héritier des rotures fut déchargé.

Voyez les Arrêts du Parlement de Flandres, recueillis par MM. D'HERMAVILLE, DE BARALLE, DE FLINES, & DE

BLYE, tome deuxième, troisième partie, contenant ceux recueillis par M. DE BLYE, N.os 29 & 35, pag. 383 & 386.

LEGS.

Le Légataire des fruits de trois ans, peut prétendre en Artois la coupe des bois qui tombent dans ces trois ans, au pro ratâ desdits trois ans.

DUMOULIN, fur la nouvelle Coutume de Paris, tit. 171, glof. 8, fous le mot, *faire les fruits fiens*, n. 22 & 28, tient que la coupe de tels bois doit appartenir au *pro ratâ* au légataire, & le refte aux héritiers, quand même la coupe tomberoit dans les trois ans du légataire ; enforte que fi les bois fe coupoient tous les neuf ans, le tiers appartiendroit au légataire, & les deux autres tiers aux héritiers ; ce qui eft conforme au Droit, *L. fructus. Papinianus, ff. foluto matrim. & L. defuncta, ff. de ufufruct.* Il a cependant été jugé le 14 Février 1619, que la coupe des bois devoit appartenir, fans aucune diftinction, au légataire, fuivant la Coutume d'Artois, art. 90, qui adjuge au légataire les fruits, profits, & revenus de trois ans, de tous les fiefs & autres héritages, à tel effet qu'ils lui appartiennent en tel état qu'ils foient, fi la coupe tombe dans les trois ans, & qu'il n'y peut rien prétendre fi elle ne tombe point dans ce temps,

LEGS

LEGS, LÉGATAIRE.

1°. *Si celui qui pourfuit la nullité d'un teftament après avoir tranfigé avec l'héritier teftamentaire, eft cenfé avoir renoncé à la tranfaction, à tel effet qu'ayant échoué dans fes moyens de nullité, il ne puiffe plus rien prétendre en vertu de cette tranfaction ?*

2.° *Si après avoir argué un teftament de faux ou de nullité, on peut encore demander les legs qui y font contenus ?*

MESSIRE Jean de Bourgogne fit, le 28 Mars 1585, un teftament, par lequel il difpofa des Terres de Froidmont & Han fur Sambre en faveur de Meffires Herman de Bourgogne, Comte de Phalaix, & Jean de Bourgogne, Sr. de Zevenhuyfen, fes neveux. Sitôt fa mort, Meffire Charles de Bourgogne, Sr. de Bredam, autre neveu du Teftateur & héritier légal de ces deux Terres, foutint que ce teftament étoit nul, parce qu'on n'y avoit pas obfervé les formalités requifes; il fit enfuite avec les légataires, (en 1596) un accommodement, fuivant lequel les deux Terres léguées devoient fe partager par tiers entre eux trois.

Malgré cet accommodement, il s'éleva entre eux, au Bailliage de Namur, un Procès, dans lequel le Sr. de Bredam conclut à l'adjudication des deux Terres, comme lui étant échues *ab inteftat*, à caufe de la nullité du Teftament, & les Srs. de Phalaix & Zevenhuyfen conclurent au contraire à avoir lefdites Terres en vertu du teftament, fans parler ni l'un ni l'autre de l'accord fait précédemment entre eux.

Le Sr. de Bredam ayant été déclaré non fondé, il

appella du jugement rendu contre lui, au Conseil de Namur, où il foutint que l'accord de 1596 ne devoit tenir, qu'au cas que le teftament ait été déclaré bon; & ayant perdu fon Procès, fur appel en cette Cour, il préfenta Requête, tendante principalement à l'entretien dudit accord; les Srs. de Phalaix & de Zevenhuyfen foutinrent qu'il ne fubfiftoit plus, au moyen de la caufe intentée par le Sr. de Bredam au Bailliage de Namur, & pourfuivie en trois inftances, ce qui emportoit de fa part un déport & renonciation tacite audit accord, puifqu'il n'avoit pas pu prétendre d'avoir toutes lef-dites Seigneuries *ab inteflat*, fans renoncer à l'Acte par lequel il s'étoit contenté d'en avoir le tiers; Everard. *conf.* 27, *n.* 3, *& leg. fi diverfa, cod. de tranfact.* Cependant, il fut jugé par Arrêt du 27 Février 1618, qu'il étoit libre au Sr. de Bredam de prétendre fon tiers enfuite dudit accord, fur le principe que celui qui a deux actions, comme avoit le Sr. de Bredam, une réfultante de la Tranfaction, & l'autre de la Loi, ne renonçoit point à l'une en intentant l'autre; *L. mater* 19, *ff. de inoff. teftam. L. qui Romæ* 122, §. *fcia hæres, ff. de verb. oblig.*

Dans le même Procès, on oppofa au Sr. de Bredam, qu'ayant argué le teftament de nullité, il ne pouvoit plus prendre le legs qu'il contenoit en fa faveur, *quia qui falfum dicit teftamentum cadit à jure fuo, L. poft legatum* 8, *ff. de his qui ut indignis, L. alia, cod. eod.* Ant. Faber. *ad cod. tit. quibus ut indignis.* On le pratique ainfi en France, fuivant Bugnyon, *de legibus abrogatis, lib.* 2, *cap.* 27. Le 28 Février 1618, il a été jugé que ces Loix n'étoient plus en ufage, fpé-cialement vis-à-vis de ceux qui avoient agi fans fraude.

Nota. Le teftament du Sr. Jean de Bourgogne a donné

lieu à trois autres conteſtations qui ſont rapportées ci-après, ſous le même mot (*Légataire.*)

<hr>

LÉGATAIRE.

Un légataire de trois Terres, étant chargé d'en remettre une à un tiers, au cas qu'il demeure paiſible poſſeſſeur des deux autres, comment doit il faire cette reſtitution, ſi par la ſuite il eſt évincé dans l'une deſdites deux Terres?

MEssire Jean de Bourgogne, (c'eſt le même dont il eſt parlé dans la cauſe précédente :) avoit inféré dans ſon teſtament la clauſe ſuivante : » *conſtituons pour notre* » *héritier Pierre de Bourgogne, notre neveu , lui laiſſant la* » *Seigneurie de Fromont :* & plus bas, *comme il nous eſt* » *parvenu, par le trépas de feu Marie Delannoy, la Terre* » *& Seigneurie d'Adolflandt, nous la donnons à notredit* » *neveu, comme plus aîné, enſemble la Terre de Zoetlandt,* » *à condition qu'en cas qu'il demeure paiſible poſſeſſeur deſdites* » *Terres, lors il quittera & cédera la Terre de Fromont à* » *Jean de Bourgogne, Sr. de Zevenhuyſen ſon couſin ;* » ledit Pierre, ſa veuve & ſon fils, jouirent paiſiblement deſdites Terres d'Adolflandt & Zoetlandt pendant pluſieurs années; mais après les tréves, le Comte de Solre évinça celle d'Adolflandt, après avoir obtenu une Sentence à ſon profit, le . . .

Il s'eſt élevé à ce ſujet une conteſtation entre Antoine de Bourgogne, Sr. de Zoetlandt, fils de Pierre, qui demandoit la Terre de Fromont, à cauſe qu'il ne jouiſſoit plus des deux autres ; & le Sr. Jean de Bourgogne, Sr. de Zevenhuyſen, poſſeſſeur de ladite Terre de Fromont. Par Arrêt du 2 Juin 1618, il a été jugé, (celle d'Adolflandt valoit ſeule autant que les deux autres enſemble) qu'il falloit faire valoir au Sr. de Zevenhuyſen, le juſte tiers des Terres non évincées : *ex L. 32, ff. ad legem falcidiam, §. Si titio : ſi titio*, dit la Loi, *viginti legatis, portio per legem falcidiam deſtraĉta eſſet, cùm ipſe quoque quinque ſeio rogatus eſſet reſtituere; vindius noſter tantum ſeio ex quinque pro portione deſtrahendum ait, quantum titio ex viginti deſtraĉtum eſſet, quæ Sententia & æquitatem & rationem magis habet.*

Nota. L'Arrêt ſuivant contient une autre déciſion portée à l'occaſion du même Teſtament.

LÉGATAIRE.

Si une Sentence rendue contre le poſſeſſeur d'un bien, ſoumis à reſtitution en certain cas, nuit à celui à qui la reſtitution doit être faite, quand il n'a point été partie au Procès?

DANS le même Procès, le Sr. de Zevenhuyſen avoit objeĉté que la Sentence rendue contre le Sr. de Zoetlandt, le . . . . . . pour la Terre d'Adolflandt, ne pouvoit lui nuire, parce qu'il n'y avoit point été partie, & que peut-être il auroit allégué des raiſons ſuffiſantes pour obtenir gain de cauſe, s'il y étoit intervenu : le 2 Juin 1618, il fut jugé que la Sentence devoit nuire audit Sr. de Zevenhuyſen, lui eñtier pour fon intérêt, de foutenir que ladite Sentence avoit été mal rendue ; la raifon de décider eft dans la Loi 1 , §. *denuntiari autem, ff. de re judicatâ*, où l'on trouve : *fententia lata contra inftitutum nocet fubftituto non citato, quia lis tantum denuntianda eft illis qui primum locum obtinent in fucceffione, & quibus negotium tangit principaliter.*

Nota. L'Arrêt fuivant contient encore une décifion portée à caufe du même Teftament.

LÉGATAIRE.

Si une perfonne condamnée à fe déporter d'un héritage, peut le retenir jufqu'à la réfufion des améliorations qu'il y a faites ?

DANS le même Procès, (voyez les trois Arrêts précédens) on a encore examiné, par rapport à la Terre de Fromont, fi le Sr. de Zevenhuyfen, qui avoit poffédé cette Terre jufqu'alors, étoit fondé à la retenir jufqu'à ce qu'il ait été rembourfé des améliorations qu'il y avoit faites ; fur quoi, voyez la Loi, *fi in areâ, ff. de cond. indeb. propter parvam meliorationem, res retineri non poffè certum eft*, mais il s'agiffoit dans la caufe, de groffes améliorations faites au Château de Fromont ; c'eft pourquoi, quelques-uns furent d'avis que ledit Château demeureroit en la poffeffion du condamné, & que le refte de la Seigneurie feroit reftitué : mais on a confidéré, que l'un jouiffant de la maifon, & l'autre de la Terre, ce feroit matière à difficultés entr'eux ; & attendu qu'il étoit moins équitable que le propriétaire ceffât de jouir de son fonds pour les impenses, qu'un créancier en jouit à cause des deniers par lui exposés, il fut ordonné au créancier de s'en déporter, moyennant la caution offerte par le propriétaire pour lesdites impenses. Ainsi jugé le 9 Juillet 1618.

LÉGITIMATION.

Si les parens, qui n'ont pas consenti à la légitimation de leurs enfans naturels, peuvent leur succéder ab intestat?

PAR Arrêt du 26 Juin 1636, il a été jugé qu'ils ne doivent pas succéder * *cum in materiâ successionis attendatur reciprocatio, & cui succedere non possum, non potest ipse mihi succedere;* Covarr. *in epitome successionis ab intestato, in fine.*

LÉGITIME.

1°. *Si un fils, après avoir appréhendé sa portion filiale qui excède sa légitime, & après en avoir joui pendant plusieurs années, peut prétendre que sa légitime sera déchargée d'un fidéicommis général ?*

2°. *Si la Trébellianique a lieu dans ce Pays ?*

3°. *Comment doivent se partager, ou à qui appartiennent les fruits des biens liés de fidéicommis, échus depuis le trépas de l'héritier fiduciaire ?*

IL a été résolu que le fils, à moins qu'il ait appréhendé une portion filiale plus ample que sa légitime, & en ait joui plusieurs années, n'est pas exclus de prétendre que sa légitime soit affranchie de la charge d'un fidéicommis général ; c'est le sentiment de Rodricus Zuares, *ad L. quoniam in prioribus ampliatione 6, in prim. cod. de inoff. testam.* Gamesius, *variar. resol. tom. 1, cap. 11, n. 24, aliud effet si legitima speciatim effet onerata fideicommisso.* Mantica, *de conject. ult. vol. lib. 7, tit. 8, n. 10.* 2.° Quant à la trébellianique, il a été jugé qu'elle n'a point lieu par-deçà, & qu'on ne l'avoit jamais vu pratiquer spécialement dans le cas d'un fidéicommis particulier ; Molin. *ad consf. parisf. § 15, glosf. 4. n. 10.* 3.° Et pour ce qui est des fruits des héritages liés de fidéicommis, donnés en louage, le cas de mort de l'héritier directe arrivant, ils doivent appartenir à l'héritier du défunt, ou au fidéicommissé, *L. defuncta, ff. de usufruct.* ce qui a lieu aussi au cas de restitution des biens fidéicommissés. On l'a jugé ainsi au mois de Juin 1617.

LÉGITIME, ENFANT.

Temps de la naissance d'un enfant pour être tenu légitime.
Savoir, si l'enfant né le sixième mois après le mariage
consommé, étant viable, doit être tenu pour légitime ?

N. VANSUMICH s'étant marié à Venise, & ayant amené
sa femme en ce pays, elle s'accoucha en la ville
d'Anvers au sixième mois, depuis son mariage, d'un fils, qui
fut baptisé sous le nom dudit Vansumich : l'enfant venu en
âge, il ne voulut pas le reconnoître pour son fils ; sur quoi
il y eut Procès pardevant l'Archevêque de Malines : le jeune
homme alléguoit, *quod filius est quem nuptiæ demonstrant,*
qu'il étoit né pendant le mariage, qu'il avoit été baptisé
publiquement, nommé fils dudit Vansumich, qu'il pouvoit
arriver qu'un enfant vive à six mois, & il produisoit à cet
effet quelques avis de Médecins : Vansumich disoit que la
règle, pour reconnoître la naissance légitime des enfans,
étoit établie dans la *L. septimo mense, ff. de statu hominum,*
& ibi glos. Tiraq. *ad L. si unquam, ad verba, susceperit liberos,*
n. 210, cod. de revoc. donat. Il ajoutoit qu'il n'avoit laissé
baptiser cet enfant sous son nom, que pour éviter les désa-
grémens & le blâme de sa famille.

Le 3 Mars 1626, il fut jugé, à l'intervention de quatre
ou cinq Conseillers du grand-Conseil, dont j'étois l'un,
que cet enfant n'étoit pas légitime, & qu'il ne pouvoit être
capable de succéder. La même chose a été jugée au Parlement
de Grenoble, témoin Expilly, en ses Plaidoyers, *cap. 8.*

LÉGITIME.

LÉGITIME.

Réglement de la légitime des enfans.

LA légitime des enfans est réglée par la Novelle 18, au tiers de leur portion légale, quand il n'y a que quatre enfans ou moins, & à la moitié, quand il y en a plus de quatre.

> *Quatuor aut infrà natis, dant jura trientem,*
> *Semiſſem verò, dant natis quinquè vel ultrà.*

Voyez Mr. Pollet, partie 3, Arrêt 56, n. 6.

MAINTENUE.

On ne peut procéder par maintenue ou complainte, pour soutenir un usage abusif ou indécent.

LEs Pasteur & Habitans du Village d'Enneulin, étoient de toute ancienneté en possession de venir le jour de la Sainte Trinité à Seclin, servir St. Piat, & d'entrer à cheval dans l'Eglise Collégiale, de faire le tour du chœur & du maître-Autel, ce que Mr. Vandeville, Evêque de Tournai, leur a défendu depuis : l'Evêque moderne, (en 1642) leur en rendit la permission, pourvu qu'ils n'entrassent point au chœur, mais il la révoqua peu après ; lesdits Pasteur & Habitans d'Enneulin obtinrent commission de complainte à la Gouvernance de Lille, en conséquence de laquelle ils suscitèrent un Procès, & remirent en usage leur chevauchée ancienne : sur quoi, après avoir eu l'avis de l'Evêque de Tournai & de la Gouvernance de Lille, le Conseil-Privé abolit cet usage par Arrêt du 3 Octobre 1642, comme étant contraire au respect dû à la Maison de Dieu ; & ordonna à la Gouvernance de le faire cesser, avec ordre cependant à un député du Chapitre de leur donner à baiser les Reliques accoutumées, étant à cheval, au-devant du grand Portail.

Voyez l'Arrêt suivant.

MAINTENUE.

Elle n'a point lieu pour choses mal-séantes.

LEs Religieux du Bourg de St. Etienne de Nevers, ont prétendu avoir droit, & être en possession de prendre un plat de rôti, un plat de bouilli, &c. à chaque mariage qui se faisoit dans la Ville de Nevers; ils en ont été déboutés par Arrêt de la Cour du 27 Septembre 1582. Charond. liv. 7, *de ses réponses* , chap. 79.

Voyez l'Arrêt précédent.

MARAIS.

Voyez ci-devant sous le mot *Complainte*, pag. 40.

MARCHANDS.

Les Marchands associés, sont obligés solidairement.

GASPARD DE BERLOT & Pierre Cazier, Marchands à Tournai, avoient en l'an 1580, donné cédule à Gilles Coquile, pour la somme de deux mille sept cens florins, comme payés à la société qui subsistoit entr'eux & Josse de Celier : Nicolas Flammart, héritier dudit Cazier, à cause de sa femme, voulut revendiquer une Rente de deux mille florins en capital sur la ville de Tournai, donnée audit Coquile, pour paiement d'une partie de cette somme, disant: qu'en tout cas son beau-père n'étoit obligé que pour un tiers dans ladite cédule : par Arrêt du 22 Décembre 1618, ledit Flammart fut débouté, sur le fondement que les associés sont obligés solidairement ; Bart. *ad L. eandem*, *n.* 9, *ff. de duobus reis ;* & telle est la Coutume des Marchands, vérifiée à Anvers, où le commerce est établi depuis long-temps. Charond. *ad consuet.* *Paris. art.* 107. cite un Arrêt du 19 Juillet 1590, conforme à celui-ci.

MARCHANDS.

Si les Marchands prouvent suffisamment leurs livraisons par leur livre & leur serment?

LE 14 Mai 1535, il fut jugé qu'un Marchand ne devoit pas être admis à prouver sa dette par son livre & son serment, mais qu'il étoit obligé de la prouver autrement, duement, & comme il appartient. Mr. CUVELIER, lettre L. au mot : *livre de Marchand*, rapporte le même Arrêt, & dit : que depuis lors, on a jugé souvent le contraire.

MARIAGE.

Voyez ci-devant les Arrêts rapportés sous les mots *Biens immeubles*, *Communauté*, *Contrats de mariage.*

MEUBLES.

Si sous la clause de Meubles, *de telle nature & condition qu'ils soient, les Rentes héritières sont comprises ?*

CETTE question s'est présentée dans un pays, où les Rentes sont réputées meubles : le 14 Décembre 1617, il fut jugé que dans pareilles dispositions, les Rentes n'étoient pas comprises, mais bien les arrérages, tant desdites Rentes que d'autres biens en fonds ; c'est le sentiment de Dumoulin, sur la Coutume de Paris, *tit.* 3, §. *94, glos. 1, verbo* Rentes constituées, *n.* 27, *sed hoc non est expeditum,* dit-il, *in dispositionibus factis ab homine sive inter vivos, sive in testamento, disponendo de mobilibus vel immobilibus in genere, non enim sub mobilibus includuntur hi reditus, etiam sub consuetudinibus in quibus pro mobilibus habentur, nisi consuetudo altera procederet, dicendo quod legans vel donans mobilia, censeatur etiam nomina mobiliaria & reditus mobiliares donare vel legare.* Voyez Peckius, *de testam. conjug. lib.* 5, *cap. ult. n.* 5.

MEUBLES DES PRÊTRES.

Si les Evéques ou Chapitres, peuvent appréhender les meu-
bles des Prétres morts inteſtats ?

SUR cette queſtion il faut ſuivre les uſages établis ; il y
a des endroits, comme en Bretagne, où les Curés ont
le meilleur catel de leurs paroiſſiens trépaſſés, & où, à plus
forte raiſon, un Evêque doit avoir les Meubles d'un Prêtre
qui lui eſt entiérement ſoumis : mais encore faut-il que ce
droit ſoit établi par l'uſage.

MINEURS.

*Par quel Juge doivent être décrétés les biens des Mineurs ,
ou celui de leur domicile , ou celui de la situation des
Biens ? Et lorsque la vente est indispensable , est-il nécessaire d'entendre les parens desdits Mineurs ?*

LE 5 Septembre 1643, il fut jugé en révision, que le
Juge du domicile des pupilles avoit valablement accordé
le décret d'un immeuble, quoique situé hors de sa Jurisdic-
tion, *ex L. magis puto,* §. *illud , ff. de rebus eorum: ubi si
prætor romanus permiserit fundum provincialem distrahi , an
valeat quod fecit, & putem valere, si modo tutela romæ age-
batur , & hi tutores eam quoque administrationem subierant,
& L. à divo Pio, §. 1, ff. de re judicatâ;* étant plus conve-
nable que le Juge de la Province du mineur, qui connoît
mieux l'état de ses affaires, pourvoie à ce qui est de son
bien, que celui d'un fonds particulier : on le pratique ainsi
en Flandres & en Brabant. Par le même Arrêt, il a été jugé
que la subhastation n'étoit pas nécessaire, mais qu'il suffisoit
de représenter au Juge la teneur du contrat, & d'en obtenir
l'autorisation : & c'est ainsi qu'on le pratique en Flandres &
en Brabant; Simocellus, *lib. 1, tit. 1, n. 67,* & Gratianùs,
in decis.

Il fut aussi jugé, par la même révision, qu'il suffisoit que
le grand-père & l'oncle paternel eussent été ouis , & aient
déclaré l'utilité de cette vente, & qu'il n'étoit pas nécessaire
d'entendre les autres parens, *L. magis puto , ff. de rebus
eorum ; ubi, requirat necessarios pupilli vel parentes, vel libertos
aliquos*

aliquos fideles, vel quem alium qui notitiam rerum pupilla-rium habeat; Chryſt. deciſ. vol. 3 , deciſ. 147. Covarr. variar. reſol. cap. 8 , n. 5 & 6.

MOULIN BANNAL.

Un Seigneur qui n'a point un Moulin bannal en ſa Terre, ne peut empécher un Meúnier étranger d'y venir chercher mouture, à moins qu'il ſoit en poſſeſſion du contraire.

CET Arrêt, en date du dernier Avril 1616, eſt rapporté par Mr. CUVELIER, lettre M, verbo, *Meúniers ſont libres, &c.*

T

MOULIN *TORDOIR.*

Si les voisins peuvent empécher un voisin d'ériger un Moulin tordoir sur son héritage, sous prétexte de l'incommodité qu'ils en recevront à cause du bruit ?

SUIVANT le Droit, un chacun peut faire sur son héritage, même au détriment du voisin, ce qu'il lui plaît, *modo in alienum nihil immittat, L. sicuti, §. aristo, ff. si servitus vind.* & suivant ce principe, on a permis, par Arrêt du. . . . Février 1618, l'érection d'un Moulin *tordoir*, avec ordre cependant que, par forme de Police, le Commissaire s'informeroit si l'incommodité des opposans étoit fort considérable, parce qu'il seroit absurde & contre le bien des Villes, d'exposer les habitans à des incommodités qui les en chasseroient. Menoch. *de arb. jud. quæst. . . cap. 237.*

NOBLES.

Si les enfans d'un Préfident du Confeil Provincial, & d'un Confeiller d'un Confeil Souverain, font nobles ?

PAR Arrêt du 9 Juillet 1642, tels enfans furent déclarés nobles. Tiraq. *de Nobilitate, cap.* 6.
Voyez l'Arrêt fuivant.

NOBLESSE.

De la Nobleffe des Préfidens Provinciaux & Confeillers des Confeils Souverains, & de leurs enfans.

LE Placard édicté par les Archiducs, fur le port des Armoiries, le 14 Octobre 1616, porte qu'il y a aucuns états, Offices & Charges, qui annobliffent les pourvus, quoiqu'il n'en foit pas fait mention dans les provifions : Meffire Jean Polchet, Préfident au Confeil de Namur, a demandé en conféquence, qu'il ait été déclaré quels étoient ces états; fi les Préfidens des Confeils Provinciaux & Confeillers des Confeils Souverains y étoient compris, & fi cette nobleffe fe tranfmettoit pour toujours à leur poftérité.

Il demandoit, 1.º fi les Confeillers des Confeils Souverains, ainfi que ceux des Confeils privés & grands Confeaux, étoient annoblis par leur état, & compris audit Placard : il citoit en leur faveur Tiraq. *de Nobilitate, cap.* 6, *n.* 43. 2.º Si les Préfidens des Confeils Provinciaux étoient auffi compris audit article? On citoit pour eux les *L. Senatorum,*

L. nemo , *L. jus Senatorum* , *cod. de dignitatibus.* Tiraq;
ibidem , *cap. 6 , n. 21 , cap. 8 , n. 13. & cap. 15* , & l'ufage
où étoient même les Souverains de les qualifier de Meffire.
3.° Si cette Nobleffe paffoit pour toujours aux defcendans ?
Sur quoi on obfervoit, qu'il feroit abfurde qu'un père fut
Chevalier, & les enfans roturiers.

Ces trois queftions ont été décidées pour l'affirmative,
par Arrêts des . . . Octobre 1642, & 14 Novembre 1643;

NOCES, SECONDES NOCES.

. Si la décifion de la Loi hâc edictali , *cod.* de fecundis nuptiis ,
du §. optime; *auth.* de nuptiis , *eft aujourd'hui en ufage* ?

Plusieurs Jurifconfultes penfent que cette Loi eft encore en ufage; Peckius, *de teftam. conj. lib. 1 , cap.*
47 , & lib. 2 , cap. 18 ; Faber. *in fuo cod. tit. de fecundis*
nuptiis , defin. 1 ; Gail. *lib. 2 , cap. 98 , n. 8* ; d'Argentrée,
fur la Coutume de Bretagne, *art. 221 , glof. 3 , &c.* L'Edit
perpétuel de l'an 1611 , art. 28 , eft cité de part & d'autre : (*)
il fut jugé au grand Confeil le . . . . qu'elle n'étoit
pas en ufage, & que les précautions prifes par les Coutumes
contre les fecondes noces, font fubrogées à cette Loi, (v. g.
la tutelle qu'on ôte aux mères, les *fourmétures* qu'on eft
obligé de faire aux enfans du premier lit, &c.) & qu'il n'eft
pas raifonnable de cumuler, avec les peines portées par les
Coutumes, celles que cette Loi inflige à ceux qui fe ma-
rient en fecondes nôces.

[*] Voyez le nouveau Commentaire fur cet Edit, art. 28, pag. 187, & fuivantes;

OBLIGATION.

Si une obligation paſſée par un homme d'Egliſe, au profit d'une femme dont il a abuſé, eſt valable, lorſqu'il ne conſte pas qu'il a reçu la ſomme y repriſe?

SELON le Droit Canon, un Prêtre, un Soldat, un Doc-teur, ou un Avocat, ne peuvent rien donner à leur concu-bine, ou à toute autre femme avec laquelle ils vivent en concu-binage ; Guillelmus, Benedicti *ad cap.* Raynutius. On l'a jugé ainſi au Parlement de Paris, comme le cite Charondas, ſur la Coûtume de Paris, *art.* 272, 273, 274, & 278 ; il en eſt de même pour une obligation, quand il eſt à préſumer que les deniers n'ont pas été comptés, & que c'eſt une donation déguiſée. La Cour l'a jugé ainſi le . . . 1620. Peregrinus, *de jure fiſci, lib.* 2. *tit.* 9, dit, *confeſſionem Sacerdotis de aliquo debito ergà ſuam concubinam non probare debitum,* parce que telles donations ou obligations, autori-ſent le mauvais exemple ; & ſont faites pour un vice ou mé-chant acte.

OFFICE.

*Si un Officier qui accepte un autre Office incompatible, &
en prend possession, fait vacquer par le fait & de droit
son premier Office ?*

GABRIEL LE ROY, avoit obtenu des Lettres Patentes de
Commissaire des Finances de Sa Majesté par-deçà, en
1626, avec cette clause : » *que pendant tout le temps qu'il*
» *sera employé par ordre du Roi à son service, il jouisse des*
» *gages dudit état sans interruption :* „ depuis il a été Secrétaire d'Etat en Flandres, & pendant ce temps, il a été envoyé
comme agent de Sa Majesté en Danemarck : quand il fut de
retour, on lui disputa sa qualité de Commissaire des Finances,
sur le fondement qu'elle étoit incompatible avec l'Office de
Secrétaire du Conseil d'Etat ; à quoi ledit le Roy répondit :
que pendant son absence, Sa Majesté l'avoit elle-même qua-
lifié de Commissaire des Finances, & qu'il paroissoit de-là, que
son intention étoit de lui conserver cet Office : avant faire
droit, il a été ordonné par Arrêt du 27 Septembre 1644,
que ledit le Roy feroit plus amplement apparoir de l'intention
de Sa Majesté. Voyez Loyseau, livre premier *des Offices*,
chap. 20, n. 6, & 39 jusqu'au n. 44.

OFFICIER.

Celui pourvu par le Seigneur engagiste d'une Terre, ne peut être dépossédé par le propriétaire qui rentre dans son domaine.

CET Arrêt, en date du mois d'Octobre 1616, est rapporté par M. CUVELIER, lettre O, *verbo Office*, avec cette différence, que M. DU FIEF dit positivement, qu'un tel Officier ne peut pas être dépossédé par le propriétaire.

OFFICIER NÉGLIGENT.

S'il peut être déposé?

UN Procureur fiscal étant convaincu de négligence, jusqu'à laisser quinze ou seize cens causes conclues en Droit, sans en poursuivre la décision, fut déposé & condamné aux intérêts envers le Prince, *quia supina negligentia dolo proxima est:* on l'a jugé ainsi en Carême l'an 1617, contre Etienne de Mesmay, Procureur fiscal d'Amont en Bourgogne.

PARRICIDE.

Voyez l'Arrêt rapporté ci-devant, *sous le mot* Crime de
Parricide *, pag.* 62.

PARTAGE.

*Si le Juge, en matière de partage, peut adjuger au Maisné
la valeur de sa part en certains biens, ou s'il doit la lui
laisser sur chaque bien de la succession?*

LE 18 Mai 1613, il fut jugé dans la cause du Comte
Lamoral d'Egmont, qu'un maisné devoit être payé en
corps héréditaires, c'est-à-dire, qu'il falloit faire une masse
de tout ce qui lui étoit dû, tant pour légitime, que pour tout
autre droit qu'un maisné pouvoit avoir dans les biens, suivant
la Coutume de leur situation; & sur l'importance de cette
masse, lui adjuger des parties de biens distinctes, sans qu'il
ait été obligé d'appréhender en nature toutes lesdites por-
tions, telles que les quints en Artois, &c. ce qui fut confirmé
par révision, *quia in familiæ judicio, officium judicis est la-
tissimum, ita ut in re quâlibet possit cuique hæredum dare partem suam, & si viderit commodiùs, aliter dividere poterit, uni
assignare unam rem in solidum, & alii aliam, vel uni fundum
& alii pecuniam, &c. per leges* item, *L. hæredes, L. officio,
ff. familiæ erciscundæ, L. invicem, ff. communi devidendo,
quia uni cohæredum unius cujusque rei particulam addicendo,
periculum esset totas dilacerare facultates, L. 27, ff. de legatis* 1.
La

La Cour jugea de même dans l'espèce suivante : Demoi-
selle Françoise de Mommorency avoit légué à la Dame de
Thore sa nièce , un quint datif de tous ses biens patrimoniaux
situés en Artois, avec plusieurs rentes, & tous ses cateux
& biens disponibles ; elle décida que ladite Dame de Thore
devoit prendre certains corps, Terres & Seigneuries, pour
l'équivalent de tous ses droits dans la succession de sa tante,
& il lui est échu en conséquence, la totalité des Terres de
Liencourt, de Bellencourt, de Meres & Fay : *quia nimirum
necesse non habet legatarius in omnibus rebus vindicare por-
tionem , d. l. 27, ff. de leg. 1.*

PENSION.

*Si des Créanciers peuvent s'opposer à la résignation d'un
bénéfice, & quelle est la pension qu'un Chanoine de St.
Pierre de Lille peut retenir en cas de résignation ?*

BENOIT DELARARE, Chanoine de St. Pierre à Lille,
résigna, ès mains du Pape, son Canonicat en faveur de
Jacques Robert, avec réserve d'une pension de neuf cens
florins, qui fut trouvée excessive sur une prébende valant alors
(en 1641) dix-neuf cens, ou deux mille florins année commune, pourquoi le placet demandé par ledit Robert fut refusé :
depuis, moyennant la réduction de cette pension à sept cens
florins, le placet fut accordé par le Conseil-Privé, le 26 Septembre 1641. Chop. *lib. 3 , tit. 2 , n. 17 , de sacrâ politicâ :* les
Créanciers dudit Delarare s'opposoient à ce placet, disant
que s'il retenoit son Canonicat, ils pourroient être payés,
& que cette résignation étoit faite à leur préjudice.

V

On leur répondit qu'il étoit libre audit Delarare de résigner son Bénéfice en tous temps, & en telle manière que bon lui sembloit, avec le consentement de ses Supérieurs, malgré les prétentions de ses Créanciers, auxquels les fruits de son Bénéfice n'étoient point engagés pour l'avenir, & ne pouvoient pas même l'être, le résignataire tenant ses droits du Pape, & non du résignant : le placet fut cependant accordé, avec clause que la moitié de la pension seroit au profit des Créanciers jusqu'au paiement total.

Voyez ci-devant, sous le mot *Bénéfice.*

PÉREMPTION D'INSTANCE.

1°. *Si après conclusion en cause, la péremption d'instance a lieu ?*

2.° *Si la péremption d'instance est reçue dans les Cours Souveraines ?*

LE 13 Octobre 1622, il fut jugé que la péremption d'instance n'avoit pas lieu dans ces Provinces, & que la Loi *properandum, cod. de judiciis,* n'étoit plus en usage; Argent. *ad conf. Brit. art.* 266, *cap. 8, n. 11*; Gail. *lib. 1, observ. cap. 141, n. 7, & lib. 1, de pace publicâ, cap. 9, n. 15*; cette cause après avoir été instruite jusqu'à dupliques inclusivement, & conclue en Droit, avoit été cinquante ans sans être poursuivie.

Voyez les Arrêts du Parlement de Flandres, par MM. D'HERMAVILLE, DE BARALLE, DE FLINES, ET DE BLYE, tome deuxiéme, page 323.

PRÉBENDE RÉSIGNÉE.

De la résignation d'une Prébende faite ès mains du Pape pendant la Régale.

CHOP. *de sacrá politicá, lib. 1 , tit. 7 , n.. 2 ,* rapporte un Arrêt rendu en 1604, pour un Canonicat vacant dans l'Eglise Cathédrale de Tournai , par lequel il fut jugé qu'une résignation faite entre les mains du Pape pendant la régale, tomboit au profit du Roi : il n'en seroit pas de même d'une permutation, parce que dans ce cas , on ne peut pas dire, que ni l'un ni l'autre des permutans veuille se départir de son Bénéfice , sans être saisi de l'autre , ensorte que les deux Bénéfices sont toujours remplis de droit & de fait.

Voyez ci-devant sous le mot *Pension.*

PRÉSEANCE.

Entre les Conseillers du Conseil-Privé du Roi, & les Présidens des Conseils Provinciaux.

LEs Conseillers du Conseil-Privé, ont le pas sur les Présidens Provinciaux, sans qu'il y ait de Réglement là-dessus, Sa Majesté s'étant réservée d'en agir autrement quand elle le trouveroit bon ; on l'a observé ainsi le 17 Novembre 1644, M. Polchet, Président de Namur, laissa le pas au dernier Conseiller du Conseil - Privé.

Voyez les Arrêts recueillis par M. DE HUMAYN, Arrêt 72, pag. 208.

PREUVE.

Voyez ci-devant sous le mot *Edit perpétuel*, page 74.
Voyez aussi le *nouveau Commentaire sur l'Edit perpétuel*, article 19, pag. 118, & suivantes.

PRIVILÉGE.

Si les Eccléfiaſtiques étrangers, poſſédant des Bénéfices, &
étant de numero centum, doivent plaider fur la qualité
de leur privilége, de jouir, étant abſens, de leurs Béné-
fices, ailleurs qu'au Conſeil privé du Roi?

LE 17 Juin 1641, il fut jugé qu'un Chapelain de Son
Alteſſe, Chanoine de l'Egliſe de Soignies en Hainaut,
à qui on faiſoit difficulté de payer les fruits de ſon Canonicat, comme étant abſent, n'étoit attrayable que pardevant
le Conſeil-Privé du Roi; Chop. *lib. 3, de ſacra politicâ,*
tit. 3, n. 17. Les Etats de Hainaut s'étant joints audit Chapitre de Soignies, pour ſoutenir que les habitans de Hainaut n'étoient pas traitables hors de leur Province, ils ont
été déclarés non recevables; & il a été ordonné derechef
audit Chapitre de conteſter pardevant le Conſeil, avec con-
damnation aux dépens; ce ſecond Arrêt eſt du 31 Janvier
1643.

PRIVILÉGE.

Si le privilége de la Porterie d'Ypres s'étend hors du ter-
ritoire, en matière de Fief?

L E 23 Décembre 1617, il fut jugé que le privilége de la
Porterie d'Ypres ne s'étend pas hors du territoire en
matière de Fief, parce que les priviléges de cette efpèce dé-
rogeant au Droit commun & aux principes ordinaires des
pays Coutumiers, felon lefquels les Coutumes font réelles
& ne s'étendent point hors des limites de leur territoire, on
doit les reftreindre : on l'a jugé de même dans la Coutume
de Gand, qui contient une pareille difpofition ; Argent. *ad*
conf. Brit. tit. 23 , de teft. & leg. Peckius *, de amort. bon.*
cap. 9. Mol. ad Alexand. *conf. 41.*

PROCUREUR.

Si un Procureur peut être contraint de déposer pour la partie adverse de son clien?

LE 20 Mai 1616 , il fut ordonné par la Cour à un Procureur , de déposer en la cause criminelle intentée par les Fiscaux contre son clien; Guido Papa, *décis.* 45 , moyennant que ce ne fut rien qui dépendit du secret de la cause.

PROCUREUR.

Si dans l'aliénation des biens d'Eglise faite anciennement par une personne qui s'est qualifiée Procureur des vendeurs, on présume cette procuration par le long espace de temps?

TRois Chanoines d'Yvoy, se disant chargés de procuration du Chapitre, donnèrent en son nom , en 1552, quelques Terres en arrentement perpétuel : cinquante ans après le Chapitre prétendit reprendre lesdites Terres des héritiers du preneur, comme y ayant nullité en son bail, faute de procuration de la part de ceux de qui leur auteur tenoit ses droits. Il fut jugé le 25 Octobre 1625, que la procuration se présumoit, *ex longinquitate temporis & perceptione canonis.*

RECEVEUR.

*Si un Receveur du Roi, pour le paiement des Rentes Sei-
gneuriales dévolues à Sa Majesté par droit de confiscation, peut user d'exécution contre les débiteurs, ou s'il
doit prendre la voie de saisie des fonds selon la disposition
des Coutumes ?*

LE Receveur du Roi, à Lille, prétendit de procéder par
exécution contre les débiteurs, & non par saisie ; on
lui objecta que le fisc étant aux droits d'un particulier, devoit se conformer aux mêmes loix & usages qui obligeoient
le particulier : il répondit, que le principe étoit vrai pour
les droits échus avant la confiscation, mais que pour tout
ce qui étoit échu postérieurement, il devoit profiter des
priviléges du fisc. Le 25 Août 1645, il fut décidé que le
Receveur ne procéderoit que selon la Coutume, & n'agiroit
point par exécution.

RÉMISSION.

REMISSION.

Si la rémiſſion obtenue en Brabant par un Flamand eſt valable, pour un homicide commis en Flandres ?

PAR Arrêt du Conſeil-Privé, du 28 Août 1638, il fut jugé que telle rémiſſion devoit avoir lieu par-tout, parce qu'elle s'adreſſe à la perſonne & la ſuit en tout lieu; Mornac, *ad L. 1, cod. de ſacr. trinit.* où il dit auſſi, *in alterius Principis regno veniam valere.*

REMISSION.

Si celui qui a obtenu des Lettres de rémiſſion qui le remettent dans tous ſes droits, biens & actions, doit être remis en ſon rang du Collége dont il eſt membre ?

LE . . Juin 1616, il fut réſolu à Bruxelles, qu'après telle rémiſſion obtenue, le Suppliant devoit être remis dans ſon rang du collége, comme s'il n'eut point commis d'homicide, *quia non potuit dici privatus, cum nulla contra ipſum fuerit lata ſententia,* & qu'un rang dans le collége peut être compté parmi les biens, puiſqu'on peut le vendre; ainſi jugé pour N. Vandenberg, Boucher à Malines.

X

RENTE·

Si celui qui par le Contrat de conſtitution d'une Rente,
s'eſt obligé de la payer en un lieu indiqué, peut preſcrire
cette obligation par un temps immémorial, & en prouvant
que les premières années ont même été payées ailleurs?

L E Commandeur de Malte, de la Commanderie de Tréves, avoit ci-devant acquis une Rente à payer tout
les ans en ladite Ville; le ſucceſſeur du débirentier fut condamné au paiement, ſelon les Lettres de conſtitution, le 23
Novembre 1630, quoiqu'il ait objecté que dès les premières
années juſqu'alors, la Rente n'avoit point été payée à Tréves,
mais à Rhodes, & qu'on avoit par conſéquent preſcrit contre l'obligation de la payer à Tréves; on a regardé ce fait,
comme une faveur que le crédirentier avoit bien voulu faire :
ſuit res voluntaria & facultatis. Molin. *ad conſ. Pariſ. tit. 1,*
gloſ. 4, in verbis, mettre ſa main, *n. 13 ; hoc eſt exploratiſ-*
ſimum , dit-il *, ea quæ ex civilitate & urbanitate fiunt, quantocum-*
que tempore, non præjudiciare juri nec publico, nec privato,
nec in petitorio, nec in poſſeſſorio, L. qui jure familiaritatis ,
ff. de acq. vel omitt. poſſeſſ. & etiam quia primordium tituli
erat contra poſſeſſionem ſolvendi Rhodæ.

Il fut auſſi jugé, le 29 Novembre 1630, que les Officiers
du Prince d'Eſpinoy, à Walincourt, étoient non-recevables
de prétendre la continuation d'un dîné que les Cenſiers de
l'Abbé de St. Aubert à Cambray avoient payé de temps
immémorial auxdits Officiers, le jour de St. Barthélemi;

parce que n'apparoiffant d'aucunes caufes par titre, le commencement devoit être regardé comme un acte de politeffe.

RENTE.

Si celui qui cède une Rente, promettant de la garantir, de faire valoir le tranfport, & de tenir la Rente bonne & valable, eft quitte & déchargé, en prouvant que le débirentier étoit folvable au jour de la ceffion, & s'il peut être recherché au cas que le débiteur vint enfuite infolvable, avant le rembourfement de la Rente ?

LE 28 Novembre 1612, il a été jugé au Confeil d'Artois, qu'en tel cas, le cédant étoit obligé d'adminiftrer des moyens au ceffionnaire pour fe défendre, & de le garantir contre l'obligé en ladite Rente, devenu infolvable, ou de lui rendre les capitaux deniers avec les arrérages dûs, & ceux à échéoir jufqu'au rembourfement des deniers capitaux de la rente, avec tous dépens, dommages & intérêts : ce jugement fut confirmé par Arrêt du . . . Mai 1619 ; Stockmans, *en fes époufailles* ; Louet, *en fon Recueil*, lettre F. arr. 6.

Voyez les Arrêts du Parlement de Flandres recueillis par MM. D'HERMAVILLE, DE BARALLE, DE FLINES, ET DE BLYE, *tome deuxième, pag.* 306.

RENTE

On peut en créer une nouvelle avec les cours échus.

LE Conseil-Privé étant fupplié, de la part du Magiftrat de Bailleul, de décider fi on pouvoit augmenter les capitaux des Rentes avec les arrérages, ou créer une nou-velle Rente defdits arrérages, répondit le 16 Octobre 1595, que le premier point n'étoit pas tolérable, mais bien le deuxiéme.

Voyez CUVELIER, lettre *R.* verbo *arrérages de Rentes,* & les Arrêts du Parlement de Flandres, par MM. D'HER-MAVILLE, DE BARALLE, DE FLINES, ET DE BLYE, *tome deuxiéme, pag. 103.*

RENTES.

*Si l'acquisition des Rentes héritières rachetables, est défendu
aux gens de Main-morte par les Placards, comme celle
des Biens immeubles?*

Par le Placard du mois de Mai 1584, il est défendu aux
gens de Main-morte d'acquérir des Rentes héritières :
on demanda à ce sujet à leurs Altesses, si sous ces mots
étoient comprises les Rentes rachetables & constituées à
prix d'argent. Le 11 Novembre 1615, il fut décidé par
leurs Altesses que ces mots *Rentes héritières*, ne s'entendoient
que des Rentes foncières non rachetables ; & qu'il étoit
permis aux gens de Main-morte d'acquérir des Rentes héritières rachetables au denier vingt & en dessous, parce que ces
sortes de Rentes sont un bien incertain, qui peut leur être
ôté en tout temps par le remboursement ; Zypœus, *de jure
pontif. lib. 2, de foro comp. n. 14*; Peckius, *de amort. bonorum, cap. 25 & 35*; Chop. *de sacrâ politicâ, lib. 3, tit. 6,
n. 14*; Argent. *ad conf. Brit. tit.* des droits du Prince, *art. 6,
not. 1, n. 6.* La raison pourquoi on a ordonné alors aux
gens de Main-morte, de créer ou acquérir des Rentes au
denier vingt & en dessous, c'est que l'intérêt étant considérable, cela excitoit les débiteurs à racheter ces Rentes ; au
lieu que si on leur avoit permis d'en créer à plus bas prix,
la modicité de l'intérêt & la hauteur du capital, auroient
réduits les débiteurs à l'impossibilité de pouvoir les racheter.

RETRAIT.

Si le retrayant, qui soutient qu'une vente est simulée &
déguisée en donation, peut être admis au retrait, sans
avoir offert or & argent en dedans l'an & jour, & s'il
suffit qu'il fasse cette offre après la Sentence déclaratoire
de ladite simulation ?

JEANNE DE MARBAIS, Dame dudit lieu, avoit donné à
Messire Jean, depuis Comte de Tilly, la Terre de
Marbais : après son trépas, Messire Philibert de Marbais
argua cette donation comme simulée, & étant réellement
une vente pour laquelle il y avoit eu numération de deniers,
& il demanda en conséquence d'être admis au retrait lignager : on lui répondit qu'il n'avoit pas nanti or & argent,
comme requiert la Coutume, en dedans l'an & jour, &
qu'il n'étoit pas recevable ; il répliqua, qu'il suffisoit que
ce nantissement fut fait quand il interviendroit Sentence sur
ladite simulation ; Charond. *liv.* 5, de ses réponses, *chap.* 15 ;
& on l'a jugé ainsi le 26 Février 1630.

RETRAIT.

Si dans les Coutumes qui admettent les mineurs & les abfens au retrait lignager, ceux qui n'ont jamais été dans le pays peuvent être compris fous le nom d'abfens ?

IL fut jugé le 29 Octobre 1618, contre le Prince de Condé, voulant retraire la Baronnie de Rhodes, vendue par HENRI IV, Roi de France, fituée & relevante d'Aloft, que le mot d'*abfens* ne pouvoit s'entendre que de ceux qui ont leur domicile dans la Province, & qui s'abfentent pour quelque affaire, avec deffein d'y retourner ; *L. abeffe, ff. ex quibus caufis majores*, & aucunement de ceux qui n'y ont jamais demeuré : d'après ce principe, le Prince de Condé fut déclaré non recevable dans fon retrait.

M. DESJAUNAUX, en fon Recueil d'Arrêts du Parlement de Flandres, *tom. 1, art. 99.*

M. POLLET, en fon Recueil d'Arrêts dudit Parlement, *part. 2, n. 38.*

Voyez l'Arrêt qui fuit.

RETRAIT.

Quand une Baronnie confifte en plufieurs Villages diftincts, il n'eft pas befoin de faire les œuvres de Loi & proclamations en chaque Village, pour faire courir l'an du retrait lignager, mais il fuffit d'une adhéritance & d'une proclamation faites au lieu principal.

DANS le même Procès, (voyez l'Arrêt précédent) on allégua pour le Prince de Condé , que les œuvres de Loi & les proclamations de la vente n'avoient pas été faites aux Villages de Vrindicq, Balenghien & Morfelle, qui étoient compris dans la vente de la Baronnie de Rhodes, & que de ce chef on pouvoit encore intenter le retrait; on citoit Tiraq. *des retraits lignagers*, §. *36*, *glof. 3*, *n. 13;* mais le 29 Octobre 1618, le Prince de Condé a été déclaré non fondé; & il fut dit, que les devoirs de déshéritance, adhéritance & proclamation, avoient été duement faits au lieu principal, ce qui fuffifoit. Mol. *ad conf. Parif. tit. 1. §. 2. glof. 5, n. 15;* Gail. *lib. 2, pract. obferv. cap. 62, n. 5;* Argent. *ad conf. Britan. tit.* des Appropriations, *art. 264, n. 14, in fine,* & *eod. art. 265, n. 23* & *25.*

RETRAIT.

RETRAIT.

*Si, suivant la Coûtume de Malines, un héritage appartenant
en partie à des mineurs, & en partie à des majeurs, est
retrayable par proximité lignagère, pour la part des majeurs, vendue à la Vierschaere?*

LA Coutume de Malines dispose, qu'*héritages vendus à
la vierschaere,* c'est-à-dire, à cri public & à l'intervention du Juge, *ne sont pas retrayables*; & au chap. 7, du tit.
des Contrats, elle dit que *les biens qui doivent être vendus à la
Vierschaere sont ceux des mineurs & ceux qui se vendent par
exécution.* Il s'est élevé à ce sujet une difficulté pour la vente
d'une Maison, ayant appartenue en partie à des mineurs, & en
partie à des majeurs; il s'agissoit de savoir si la part des majeurs étoit retrayable : par Arrêt du 4 Mars 1617, il fut jugé
que non, parce que c'est en faveur des mineurs qu'il est réglé
que les biens immeubles vendus à la Vierschaere, ne sont pas
retrayables : on considéra qu'il résulte de cette pratique, que
ces biens sont mieux vendus, par l'assurance qu'a l'acheteur
que son achat lui demeurera; & que ce seroit éluder le privilége des mineurs, si, quand ils vendent conjointement avec
un majeur, la part du majeur étoit retrayable, parce qu'ils
n'en vendroient que plus difficilement, personne n'aimant
d'avoir une part seulement dans un héritage; & après cela, il
est de Droit, que le privilége du mineur doit, en tel cas,
profiter au majeur, parce que le retrait est regardé comme
individuel; Ant. Faber, *in cod. defin. 1*; Tiraq. *de retractu
lignag.* §. *36, glos. . . . n. 62 & seq.*

Y

RESCISION.

A quel Juge doivent être adressées les Lettres de rescision.

PAR Arrêt du 12 Janvier 1626, il a été jugé que l'adresse des Lettres de rescision pouvoit se faire au Juge du domicile, ou à celui de la situation du bien, pourvu que l'un & l'autre sortissent immédiatement en la Cour : cet Arrêt est rapporté par DU LAURY, Nº. 49.

REVISION.

Voyez ci-devant sous les mots *Anticipation, Arrêts.*

SAISIE.

Si une faifie faite en vertu de Sentence, engendre hypothéque
& préférence, felon l'ufage du grand-Confeil de Malines?

EX *L. non eft mirum, ff. de pignor. gignitur pignus judi-*
ciale fi victor miffus fit in poffeffionem, Peckius, *de jure*
fiftendi, cap. .... n. 9, & on le pratique ainfi en France;
mais par Arrêt du 21 Février 1619, les deux Chambres
affemblées, il fut jugé que *judiciale pignus* n'y eft pas
connu, & qu'il a toujours été pratiqué ainfi.

SAISIE ET MAINTENUE.

On peut procéder par faifine & maintenue après un trouble
de vingt ans.

SELON les Loix Romaines, *actio ex interdicto ad 30 annos*
durat, & fuivant ce, il fut réfolu, au mois de Mars
1616, qu'on pouvoit procéder par faifine & maintenue après
un trouble de vingt ans, *quia antiquior poffeffio potior eft.*
Novel. . . . .

SENTENCE PROVISIONNELLE.

Si pour l'exécution d'une Sentence provisionnelle, l'on peut mettre en décret la propriété des héritages du condamné ?

ON dit pour la négative, que ce qui n'eſt pas réparable en définitive, n'eſt point exécutoire par proviſion ; & pour l'affirmative, que les Sentences proviſionnelles ſeroient inutilement exécutoires à caution, s'il n'étoit pas permis de faire vendre : par Arrêt du 19 Octobre 1624, on a adopté l'affirmative. Voyez Ant. Faber. *lib. 7, cod. defin. 17*, où il dit, *venditionem tenere intuitu emptoris, etiamſi proviſio per definitivam revocata ſit.*

SERMENT.

*Comment un Prétre du Dioçéfe de Malines, oui en témoi-
gnage pardevant un Conféiller du grand-Confeil, doit
prêter le ferment ?*

ON lit dans le Synode tenu à Malines en 1609, *tit. 17*,
que les Prêtres ne peuvent pas, même du confentement de l'Evêque ou de tout autre Supérieur, prêter ferment
ailleurs qu'entre les mains d'un Eccléfiaftique : il a cependant
été jugé, par Arrêt du Confeil, au mois de Juin 1621, qu'un
Prêtre devoit prêter fon ferment pardevant un Confeiller du
grand-Confeil, libre à lui de demander la permiffion de fon
Supérieur, qui eft obligé d'y confentir, fous peine de faifie de
fon temporel ; la raifon de décider fut qu'on l'avoit toujours
pratiqué ainfi, & qu'un Synode non confirmé par le Prince,
ne pouvoit pas préjudicier aux droits de la Cour, ni déroger
à une poffeffion immémoriale.

SERMENT.

Si un défendeur, offrant de prouver son exception, est obligé
de faire le serment à lui déféré ?

N. VRINET préſenta Requête au Conſeil-Privé, à la
charge de Saxo Finia, diſant qu'il l'avoit ſervi de
Clerc l'eſpace d'un an, aux gages de ſix florins par mois,
leſquels ledit Finia refuſoit de lui payer, diſant que ſelon
leur convention il ne devoit lui donner que trois florins
par mois; Vrinet, pour preuve de ſon mis en fait, ſe réfé-
roit au ſerment de Finia, qui, au lieu de faire ce ſerment,
offroit de prouver qu'il n'étoit convenu que pour trois florins : par Arrêt du 27 Juillet 1648, Finia fut admis à
preuve, nonobſtant la délation de ſerment, *ex cap. 2, X. de*
probat. ubi tunc demum ad hujuſmodi ſuffragium recurrendum
eſt, cum aliæ legitimæ probationes deeſſe noſcuntur.

SERMENT·

Si une Dame de qualité éminente doit faire ferment dans la forme ordinaire, ou ſi ſon affirmation en parole de Princeſſe ou de Comteſſe ſuffit ?

L E 23 Mai 1617, il fut jugé par deux Conſeillers du Conſeil de Malines, dénommés arbitres par les Parties, qu'une Dame de qualité éminente devoit paſſer en affirmant foi de Princeſſe ou de Comteſſe, que telle choſe étoit, ſans être obligé de faire ferment *in formâ Juris;* Gail. *lib.* 2, *obſerv. cap.* 49, *n.* 6, *in camerâ,* dit-il, *promiſſio principis vel illuſtris, vim veræ promiſſionis habet & ita practicatur;* Minſing. *obſ. cent.* 2, *cap.* 17.

SERMENT *IN LITEM.*

En cas de vol ou de larcin, on reçoit le serment in litem *;
sur la valeur des biens volés.*

L'ARRÊT qui suit, démontre que le serment *in litem* est reçu dans ce cas.

» Vu le Procès entre René Cousin & Jacobs Willems,
» Demandeurs & Impétrans de Requête civile, ensemble
» le Procureur-Général joint aussi, Impétrant de Requête ci-
» vile, d'une part; & Pedro d'Inarra, prisonnier, Défen-
» deur & débattant ladite Requête civile, d'autre part ;
» l'Empereur entérinant ladite Requête civile des Impétrans,
» & sans avoir égard à celle du Procureur-Général, con-
» damne le Défendeur à rendre, restituer, & réintégrer
» auxdits Demandeurs les Navires & Biens pris par Jean
» Raynera, Domyngo Deletho, ledit Défendeur & com-
» plices, au mois de Juin de l'an 1529, en la mer d'entre
» Dunkerque & Gravelines, ou la valeur & l'estimation
» d'iceux, laquelle lesdits Demandeurs pourront déclarer par
» leur serment; savoir, ledit René jusqu'à la somme de
» mille ducats & en dessous, & ledit Willems jusqu'à la
» somme de trois cens cinquante ducats & en dessous, &
» encore de payer audit René vingt-trois écus d'or, pris
» par Adrien de Matha, à cause de l'autre Navire pris par
» icelui Adrien, ensemble ès dommages & intérêts par les-
» dits Demandeurs soufferts, à cause des prises en question,
» & ès dépens du Procès au taux de la Cour; & faisant
» droit sur les conclusions du Procureur-Général joint, bannit

ledit

» ledit Pedro d'Inarra de tous & quelconques les Pays de
» par-deçà fur la Hart, & fes Biens confifqués au profit de
» Sa Majefté, prononcé le 4 Février 1530.

Ce même Arrêt femble auffi avoir décidé que plufieurs
criminels font obligés folidairement.

STATUT.

Le Prince eft toujours cenfé s'exempter de l'exécution des Statuts qu'il permet de faire.

C'EST le fentiment de Menochius, *conf.* 1007; *& lib. 3, præfumptionum , præfum. 44.*
Voyez ci-devant, fous le mot *Boire.*

SUBROGATION.

Si un acheteur qui a payé le premier Créancier hypothé-caire, fans convention d'être fubrogé en fon lieu & place, ni ceffion de fon action, peut demander cette fubrogation au préjudice d'un autre Créancier, dans le cas où la vente feroit annullée?

UN Créancier peut demander, à Valenciennes, par Let-tres de . . . . . . d'être établi dans les biens de fon débiteur, d'en jouir trois ans, & de les vendre au bout de ce terme, s'il n'eft pas payé; en partant de ce principe, Chriftophe Tordereau & Charles Bifcop, créanciers de Ni-colas Duponchau, s'étoient faits établir en la moitié d'une

Z

Rente de quatre-vingt-quinze livres, due audit Duponchau
à caufe de certains héritages appartenans à Jacques Dumar-
troit : Duponchau vendit enfuite le droit qu'il avoit en ladite
Rente à Gilles Hardi ; Denis Tordereau, créancier poftérieur
dudit Duponchau, s'oppofa à cette vente, & foutint qu'elle
étoit nulle, parce qu'on n'y avoit pas obfervé les formalités
prefcrites.

Par Sentence des Echevins de Valenciennes, la vente fut
déclarée nulle ; & dans la caufe d'appel portée en la Cour,
Gilles Hardi, acquéreur, préfenta une Requête tendante à ce
qu'au cas que ladite vente fut trouvée nulle, il lui fut permis
d'en fuivre l'effet envers lefdits Chriftophe Tordereau &
Charles Bifcop, qui avoient été fatisfaits au moyen des deniers provenant de l'achat qu'il en avoit fait, & d'être au
moins fubrogé en leur lieu & place, contre les créanciers
poftérieurs dudit Duponchau : il appuyoit cette demande fur
la *L. fi potiores, cod. de his qui in priorem crediti locum ;*
on traita à ce fujet la queftion de favoir, fi cette fubrogation pouvoit fe faire fans convention ; on citoit pour la
négative la Loi *fi ventri,* §. *eorum ratio, ff. de privil. cred.*
C'eft l'opinion d'Ant. Faber, *in fuo cod. tit. de iis qui in prio-
rum cred. definit.* 2ᵈ. *&* 8ᵈ. & elle fut adoptée par la pluralité
des voix ; Gilles Hardi fut cependant préféré aux autres
créanciers ; fur le fondement, *quia nimirum denuntiaverat
debitori reditûs dictam ceffionem & ne alteri folveret, quo facto,
in poffeffionem erat dicti reditûs, quia ceffionarius per unum ex
tribus cafibus expreffis, in L. fi delegatio 3 , cod. de nova-
tionibus, conftituitur in poffeffione nominis ceffi :* & on a jugé
ainfi par Arrêt du 27 Octobre 1618.

DULAURY rapporte cet Arrêt fous le N.° 184, pag. 332

SUBSTITUTION.

Si les enfans font compris dans la fubftitution, dont feroit grévé un legs fait à leur père pour lui & fes enfans ?

AU mois de Mai 1619 , il fut jugé que tels enfans n'étoient pas fubftitués; *quia ipfa verba nihil difponunt in perfoná ipforum filiorum, licet in claufulâ adjectâ legato, mentio eorum facta fit , quia etiam liberi gradatim non cenféntur invitati, nec perfona aliqua in fubftitutione vel fidei-commiffo fubauditur ; L. qui habebat, ff. de vulg. & pupil. fubftit. A Sande, ad decif. frif. tit. 4, decif. 11 , & lib. 4, tit. 6, defin. 5.*

Voyez les Arrêts rapportés fous le mot *Fideicommis.*

SUCCESSION.

*Comment & en quoi succèdent les Evêques ou Chapitres
aux Clercs inteftats?*

LEs biens patrimoniaux des Clercs, appartiennent à
leurs parens, fans excepter même ceux qui proviennent de l'induftrie; quant à ceux qui proviennent de l'Autel,
ils doivent être employés à des caufes pieufes, comme au-
mône aux pauvres malades, ornemens des Autels, &c. Ainfi
jugé au grand-Confeil du Roi, le . . . . .

Voyez fous la lettre M, au mot *Meubles des Prêtres*,
pag. 143.

SUCCESSION.

Si l'héritier de l'un des conjoints, mort fans enfans, peut prétendre fa part des conquêts, avant le remploi du patrimoine de l'autre conjoint?

CETTE queftion s'eft préfentée dans le Pays de Luxembourg, où le terme de *remploi* n'eft pas même connu, comme il confte par des Enquêtes par turbes tenues à ce fujet; la Cour ordonna cependant, par Arrêt du 10 Mai 1625, qu'avant de procéder à la répartition des acquêts, le prix des biens patrimoniaux appartenans à l'un ou l'autre des conjoints, refpectivement aliénés, feroit remplacé, fur le fondement que dans la divifion d'une hoirie où il y a plufieurs acquêts confidérables, l'on ne peut faire état d'aucun acquêt, avant que le port de la femme foit remplacé; & que quand même il n'y auroit aucun acquêt, ce remplacement devroit également fe faire, afin que l'un des conjoints ne profite pas des biens de l'autre; auquel cas, la valeur du bien aliéné doit être repris fur les biens de la communauté, quoiqu'il n'en ait pas été fait mention dans l'acte d'aliénation; Argent. *ad conf. Brit. art.* 419; & Chop. *de moribus Parif. lib.* 2, *tit.* 1, *n.* 13.

SUCCESSION.

Si , à défaut de parens de la ligne d'où les Biens procèdent , ceux de l'autre ligne peuvent fuccéder ?

CETTE queftion s'eft préfentée dans la Châtellenie de Lille ; Argent. *ad conf. Brit. tit.* 25, *glof.* 2, & *art.* 456, dit : qu'en pareil cas le fifc doit fuccéder, parce qu'il n'y a aucune liaifon entre les parens d'une branche, & ceux de l'autre ligne. Dumoulin penfe autrement, & dit que fon fentiment fut confirmé par Arrêt du 16 Avril 1622, qui a décidé que les parens de tel côté que ce fut, excluoient le fifc, & que même la femme d'un défunt fuccédoit, dans ce cas, à fon mari. Imbert, *en fon Enchiridion*, fol. 310, eft de même avis, & foutient, que conformément au Droit, les mots, *tenir cote & ligne*, dont fe fert la Coutume de la Salle de Lille, n'établiffent une diftinction de patrimoine que dans le cas de concurrence des parens paternels & des parens maternels : & on l'a jugé ainfi par Arrêts des 30 Mai 1575, & 21 Juin 1581.

SUCCESSION.

Si, lorfque dans une fucceffion échue à une femme pendant fon mariage, il y a des meubles, & qu'il n'eft tombé que des héritages dans fon lot, le mari furvivant eft fondé d'avoir lefdits meubles, ou l'eftimation de telle part que fa femme auroit eu, fi le partage s'étoit fait féparément pour les meubles ?

Par Arrêt du 17 Décembre 1618, il a été jugé que le partage devoit fubfifter, mais qu'il ne pouvoit pas préjudicier au mari, parce que ces héritages étant fubrogés aux meubles, ils devoient tenir la même nature à fon égard.

SUCCESSION.

1°. *Si les enfans provenus d'un mariage clandeftin peuvent fuccéder au préjudice des enfans légitimes?*

2°. *Si la feconde femme a action d'intérêt pour la dot de fon mari?*

3°. *Si le Juge laïque peut connoître de la nullité de la Sentence du Juge d'Eglife, lorfqu'il eft queftion de l'exécuter?*

M. ROBERT DE LONGUEVAL, après avoir eu quelqu'enfans de Marthe de Coteres, fille d'un Notaire de Louvain, s'eft marié avec D. Louife Delafoffe, de laquelle il eut un enfant; depuis il retourna à ladite Marthe de Coteres, dont il eut encore divers enfans; & avant mourir, étant affigné pardevant l'Official de Malines, à la Requête des enfans de ladite Marthe de Coteres, il les reconnut pour fes enfans légitimes, déclara qu'il avoit promis mariage à leur mère avant le Concile de Trente, & qu'il l'avoit tenue & la tenoit pour fa femme : par Arrêt du mois de Novembre 1617, ces enfans furent déclarés légitimes, contre l'opinion de Coquille, fur la Coutume de Nivernois, tit. *des Fiefs*, art. 20; & conformément à celle de Sanchez, *de matrim. tom. 1, lib. 3, difp. 3ᵉ*. Le fecond point ne fut pas décidé; on penfa cependant qu'il auroit été dur d'accorder tel intérêt à la feconde femme ; quant au troifiéme point, il a été décidé que le Confeil pouvoit prendre connoiffance de la Sentence du Juge d'Eglife, *cum executor etiam cognofcat de nullitate fententiæ;* Guido Papa, *quæfl.* 574.

SUCCESSION

SUCCESSION DES FIEFS.

Voyez ci-devant fous le mot *Fiefs.*

SYNODE PROVINCIAL.

Difficulté fur la force du Synode Provincial tenu à Cambrai en 1586.

IL fut réfolu, par le Confeil-Privé, le 23 Février 1638, que les articles du Synode de Cambrai, non compris dans le Placard du Roi, confirmatif dudit Synode, ne devoient pas être confidérés.

Il s'agiſſoit d'établir un Chapelain, en temps de Peſte, aux frais d'une Communauté, & on a penſé que le Synode avoit excédé en cela les bornes de fon autorité.

TAXE.

Les dépens que l'Obtenant a dû faire entrent en taxe, quoi-
qu'il ne les ait point payé à cause des priviléges de son
Office, ou pour quelqu'autre cause qui lui est personnelle.

QUAND un Avocat veut bien travailler pour rien, par
amitié, pour son client, ou quand un Plaideur, à
raison de sa charge, est exempt de certains droits, cela n'empêche pas, qu'après gain de cause, le privilégié, ou celui
pour qui on a travaillé *gratis*, ne puisse répéter en entier
contre son adversaire tout ce qu'il auroit dû payer s'il n'é-
toit pas exempt, ou s'il avoit employé un autre Avocat;
L. pater filiæ, ff. de servitut. legat. parce que si le Plaideur a
une charge qui l'exempte de certains frais, c'est un privilége
personnel; ou s'il a un ami qui veut bien le servir *gratis*,
cela lui est encore personnel ; ainsi jugé le 27 Septembre
1641.

TAXE.

UN Avocat qui a travaillé en sa propre cause, peut faire
taxer ses écrits & déboursés; ainsi jugé le 19 Février
1622.

TÉMOIN.

Un témoin n'est pas reçu à déposer après une Sentence, quoiqu'on obtienne des Lettres de relief.

ON l'a jugé ainsi au Conseil-Privé, par Arrêt du 24 Avril 1646, dans une cause où il s'agissoit de produire des témoins, pour prouver qu'un homme avoit été empêché par force de changer son Testament, ou de le révoquer.

TÉMOIN.

Si un témoin notoirement incapable, peut être empêché de déposer, ou s'il doit être oui sans préjudice des reproches ?

LE 4 Mai 1616, il fut jugé qu'un témoin notoirement incapable ne devoit pas être oui, parce que ce seroit chose surperflue ; Papon, tient le contraire, liv. 4, *de son Cartul.* chap. 3, art. 7 & 10.

TESTAMENT.

Si le furvivant des deux conjoints peut révoquer un Teſta-ment mutuel, pour ſa part?

EN Allemagne, le Teſtament mutuel peut ſe révoquer pour la part du furvivant, ſuivant Minſing. *obſ. lib. 1, cap. 8,* & Gail, *lib. 2, obſerv. cap. 117.* Everardus, *præſes, conſ. 12 & 79.* Peckius, *de Teſtam. conjug. lib. 1, cap. 18,* penſent également, qu'un Teſtament peut être révoqué par le furvivant pour ſa part ; les Tribunaux françois penſent autre-ment : Charond. *liv. 6, de ſes réponſ. rép. 85, & liv. 8, rép. 73.* Chopin, Peleus, &c.

Le cas s'eſt préſenté au Grand-Conſeil en 1614, où il a été jugé qu'un Teſtament de cette eſpèce ne peut être révoqué par le furvivant, *quia confuſæ ſunt hæreditates.* La cauſe étoit entre Jacques Huys, Sr. de Laer, & la veuve du Sr. de Quarré.

Voyez DULAURY, Arrêt 29, pag. 42.

TESTAMENT.

Si l'on peut agir en matière de nullité de Testament par-
devant le Juge de l'héritier institué, ou seulement parde-
vant celui de la Maison mortuaire, ou de la situation
des biens ?

CETTE question est restée indécise; la plupart des Juges
étoient cependant d'avis qu'on devoit plaider pardevant
le Juge de la Maison mortuaire, (ou de la situation des biens,
qui étoit le même dans le cas qui se présentoit) & non
pardevant le Juge de l'héritier, parce que telle action ne
pouvoit être regardée comme personnelle, puisqu'il s'agissoit de la validité du Testament, ce qui au fond étoit la
même chose que s'il s'agissoit de la succession : on cita l'Ordonnance de Philippe IV, de l'an 1302.

TESTAMENT.

*Si le Teſtament d'un Abbé, devenu Evêque, eſt nul, & ſi
la confirmation d'icelui faite par le Pape, après la mort
du Teſtateur, le rend valable ?*

MEssire Jean Sarrazin, abbé de St. Vaas à Arras, &
Archevêque de Cambrai, fit un Teſtament conte-
nant pluſieurs legs pieux, & inſtitua pour héritier ſon frère,
auquel il laiſſa tous ſes meubles : ſon ſucceſſeur attaqua ce
Teſtament; & ſur ces entrefaites, il vint une confirmation du
Pape. On traita à ce ſujet les queſtions ſuivantes :

1°. Si le défunt avoit pû teſter ?

2 . Si la confirmation étoit valable ?

3°. Si elle devoit avoir lieu pour les biens de l'Archevêque ſeulement, ou ſi elle s'étendoit aux biens acquis par le
défunt, avec le produit de ſon travail, de ſes ambaſſades, &c.

4°. Si ceux acquis au moyen des revenus de l'Abbaye y
étoient compris ?

Sur la première, on penſa qu'un Religieux devenu Evêque
ne peut point teſter, *cap.* 2, *X. de Teſtam.* divus Thomas,
2ᵉ. 2ᵉ. *quæſt.* 185. Il importe peu que l'Artois ait appartenu
ci-devant à la France, & qu'en France un Religieux devenu
Evêque puiſſe teſter, parce qu'en ces ſortes de matières, il
faut toujours en venir au texte du Droit Canon, *nec refert
quod canon ſtatutum 18, q. 1 , dicat Epiſcopum à jugo mo-
naſticæ regulæ abſolvi, quia id intelligitur tantum de regulis
monaſticis quæ ſtatui Epiſcopali repugnant, non autem de
votis ſubſtantialibus, nec repugnat Epiſcopatus cum votis Re-
ligionis profeſſæ.*

Sur la deuxième, on fut d'avis qu'en général le Pape peut accorder à un Religieux la permiſſion de teſter, quoiqu'il ne le releve pas du vœu de pauvreté, parce qu'en ce faiſant, il ne le rend propriétaire d'aucun bien; on douta cependant, ſi une confirmation faite après la mort du teſtateur, & après le droit acquis à un tiers, produiſoit le même effet; Ant. Fab. *in ſuo cod. tit. de Teſtam. defin.* 22, eſt pour la négative. Il a cependant été jugé que cette confirmation, *etiam poſt teſtatoris mortem*, étoit valable; *ſic* Burſatus, *conſ.* 29, *n.* 36.

Sur la troiſième & la quatrième, on eſtima, qu'il n'y avoit pas d'apparence que le Pape eut accordé le pouvoir de teſter des biens procédans de l'Abbaye, ou acquis des deniers d'icelle, *quia jure communi deferuntur Monaſterio unde proficiſcuntur;* ainſi, la Cour diviſa les biens en trois claſſes: ſavoir, ceux procédans de l'Archevêché, ceux acquis par le défunt de ſon travail & des libéralités des Princes ou autres, & ceux venant de ladite Abbaye; & déclara, qu'en ce qui concernoit les biens par lui acquis de ſon travail ou des libéralités d'autrui, & de ceux provenans de ſon Archevêché, la confirmation du Pape validoit, & qu'ainſi ils appartenoient à ſon héritier; & quant aux biens venans de l'Abbaye, elle ordonna à l'héritier d'en rendre compte aux Abbé & Couvent, comme à eux appartenans : ainſi jugé le . . . . . Mai 1618.

TONSURE.

Si ceux qui plaident en matière bénéficiale doivent faire apparoir de leur Tonsure, même quand ils sont Prêtres, à peine de décheoir ?

LE 24 Janvier 1624, il fut jugé qu'on étoit obligé de faire apparoir de la Tonsure en matière bénéficiale, quoique le plaidant fut Prêtre, *quia ex majori ordine vel etiam ex Sacerdotio non præsumitur Tonsura;* Wamef. *tom.* 1, *conf.* 262, *n.* 1. Grivellus, *decif.* 96, cite un Arrêt conforme à celui-ci : cet Arrêt est rapporté par M. CUVELIER, lettre T. *verbo* Tonsure.

VENTE

VENTES

Qui se font en Flandres par néceſſité jurée, & en quelle manière les Princes peuvent prêter ce ferment.

Henri IV, Roi de France, vendit à Simon Dévora, la Baronnie de Rodes, fituée au pays d'Aloſt, dont la Coutume, pour pouvoir vendre des Fiefs, exige la néceſſité jurée: dans le contrat de vente, étoit cette clauſe: » icellé » vente faite pour notre extrême néceſſité, que nous jurons » en foi de Roi. » Louis XIII. fon fils, voulut revenir de cette vente, du chef que le ferment n'avoit pas été prêté dans les règles, & offroit de prouver qu'il n'y avoit pas eu de néceſſité: la Cour, confidérant l'excellence & le refpect dû à un Roi de France, & que la Coutume n'exige que le ferment, fans que l'acheteur s'informe s'il eſt conforme aux befoins du vendeur ou non, déclara la vente bonne & valable, par Arrêt du . . . . . 1626; A Sande, *decif. frif. lib. 3, tit. 3, defin. 1.*

Voyez l'Arrêt fuivant.

VENTE.

1°. *Si une vente faite en Flandres par voie de néceſſité jurée, peut être impugnée par l'héritier, ſous prétexte que cette néceſſité n'exiſtoit pas ?*

2°. *Quid juris, ſi par crainte & par ſévices, pareille vente & ſerment avoient été faits par la femme ?*

3°. *Quid, ſi d'ailleurs il y avoit néceſſité de vendre ?*

M. CUVELIER rapporte cet Arrêt, lettre V. verbo Vente par néceſſité jurée, par force annullée.

Voyez ſur la premiere des trois queſtions ci-deſſus propoſées, un Arrêt du Parlement de Flandres, rapporté dans le Recueil de MM. D'HERMAVILLE, DE BARALLE, DE FLINES ET DE BLYE, tom. 2, pag. 373.

VENTE

Résolution du Grand-Conseil, sur la Loi de rescindendâ venditione, 2 cod. lib. 4. tit. 44.

IL s'agissoit de savoir si un acheteur qui a payé ou promis plus de six pour un héritage, qui ne vaut à prix commun que quatre, peut demander la rescision de la vente; *ex L. 2, cod. de rescind. vend.* Il a été résolu en pleine Cour le 24 Octobre 1615, qu'il le pouvoit, & qu'il seroit tenu notte de cette résolution, pour s'y conformer quand semblables questions se présenteroient.

Nota. Qu'en France, ladite Loi 2, *cod. de rescind. vend.* n'a pas lieu, *in emptore*, comme le rapporte Chenu, *dans ses questions notables*, où il dit qu'on l'a jugé ainsi, les Chambres assemblées, le 7 Septembre 1592; *idem*, Papon. Mais on juge autrement au Grand-Conseil, comme on le voit par la résolution ci-dessus.

Cet Arrêt est rapporté par M. DE HUMAYN, sous la date du 24 Novembre 1615. *Voyez* la première partie du tome premier de ce Recueil, *pag. 63.*

Voyez aussi le Recueil des Arréts du Parlement de Flandres par MM. D'HERMAVILLE, DE BARALLE, DE BLYE, ET DE FLINES, *tom.* 2. *pag.* 375, *n.* 9.

Voyez Covarr. *var. res. cap.* 4. *n.* 11, & Lessius, *lib.* 2, *cap.* 21, *dub.* 4, *n.* 21.

VENTE.

Comment doit se faire l'estimation d'un bien vendu pendant la guerre, dans le cas où le vendeur voudroit revenir de la vente du chef de lésion.

LE 28 Septembre 1616, il fut jugé qu'on devoit avoir égard à la valeur au temps de la guerre, parce qu'il s'agissoit d'un bien vendu en 1584, dans lequel temps il y avoit une guerre qui duroit depuis plusieurs années, & qui dura encore long-temps après; ainsi on ne considéra pas l'autorité de plusieurs Docteurs, comme Afflict. *decis.* 65, Rotæ Romanæ, *n.* 6, où il dit : *prætium diminutum ex causâ belli, non est verum pretium, quia est temporale, quod speratur cessare, ideo non debet attendi per L. prætia rerum, ff. ad L. salve . . . . . . in probatione valoris non debet attendi solum tempus contractûs, sed etiam anteriùs & posteriùs per multos annos;* mais nonobstant cela, la Cour a jugé qu'il falloit suivre la valeur du temps du contrat, parce qu'il ne s'agissoit pas d'une guerre passagère, que l'héritage avoit été considérablement détérioré pendant la guerre, & qu'il avoit été vendu dans un pressant besoin du vendeur.

VEUVE D'UN CONSEILLER.

Si la veuve d'un Conseiller du Grand-Conseil a droit de Committimus ?

IL fut jugé au Grand-Conseil, après avoir eu l'avis du Conseil-Privé, en date du . . . . que la veuve d'un Conseiller du Grand-Conseil n'étoit pas fondé à prétendre droit de *Committimus* en la Cour, parce que quoique les veuves jouiffent des Priviléges de leurs maris, cela n'avoit cependant pas lieu, *ubi ratione officii conceffum eft Privilegium, quia perfonale eft ita, ut ceffante causâ, ceffet effectus;* dans l'efpèce de cette caufe, on penfa que le droit de faire convenir fes débiteurs au Grand-Confeil, n'étoit attribué aux Confeillers que pour n'être pas diftraits de rendre juftice ; cette raifon ceffant dans la veuve, il a paru jufte, qu'elle ne jouiffe pas du même privilége.

F I N.

TABLE
DES ARRÊTS
Contenus dans ce volume.

A

D

E

G

Héritier.

H

I

L

P

S

E e

T

V

Fin de la Table.